新编21世纪职业教育精品教材

电子商务类

融媒体教材

直播策划与运营实务

主　审　章利建
主　编　陈　芳
副主编　黄珊丹　朱京京　唐　瑜
参　编　付　友　牛宏光　银丁山　刘颖斌　陈　倩
　　　　阮悦韶　钟雄文　陆显坤　江立军　湛　替

Zhibo Cehua
yu Yunying Shiwu

PPT课件　电子教案　课程标准　微课视频　在线课程

中国人民大学出版社
·北京·

图书在版编目（CIP）数据

直播策划与运营实务 / 陈芳主编. -- 北京 : 中国人民大学出版社，2022.5
新编 21 世纪职业教育精品教材 . 电子商务类
ISBN 978-7-300-30268-3

Ⅰ. ①直… Ⅱ. ①陈… Ⅲ. ①网络营销－职业教育－教材 Ⅳ. ① F713.365.2

中国版本图书馆 CIP 数据核字（2022）第 021014 号

新编 21 世纪职业教育精品教材 · 电子商务类

直播策划与运营实务

主　审　章利建
主　编　陈　芳
副主编　黄珊丹　朱京京　唐　瑜
参　编　付　友　牛宏光　银丁山　刘颖斌　陈　倩
　　　　阮悦韶　钟雄文　陆显坤　江立军　湛　替
Zhibo Cehua yu Yunying Shiwu

出版发行　中国人民大学出版社
社　　址　北京中关村大街 31 号　　邮政编码　100080
电　　话　010－62511242（总编室）　　010－62511770（质管部）
　　　　　010－82501766（邮购部）　　010－62514148（门市部）
　　　　　010－62515195（发行公司）　　010－62515275（盗版举报）
网　　址　http://www.crup.com.cn
经　　销　新华书店
印　　刷　北京瑞禾彩色印刷有限公司
规　　格　185 mm × 260 mm　16 开本　　版　　次　2022 年 5 月第 1 版
印　　张　10　　印　　次　2022 年 5 月第 1 次印刷
字　　数　212 000　　定　　价　38.00 元

preface

前言

随着互联网的快速发展及智能手机的普及，人们的生活和购物方式发生了巨大的变化。新媒体平台在人们的生活中扮演着越来越重要的角色。直播作为近年来新兴的电商销售模式，是企业向大众传递广告信息的重要途径。各行业对直播的需求持续高涨，企业对直播类人才的需求量也日益增加。

本书通过认识直播、直播间的搭建、直播平台权限开通、直播营销策略、直播脚本设计、直播的全方位配合六个项目，系统地介绍了直播入门知识与技能，帮助读者由浅入深提升其从事直播工作的竞争力。

与同类教材相比，本书具有以下特色：

特色一：本书案例丰富，内容简明，具有较强的可读性和参考性。

特色二：本书由六个项目组成，每个项目设置均有一定的针对性，围绕项目再分解任务，循序渐进，从易到难。

特色三：本书的任务实施及同步训练设置合理，围绕项目中要掌握的知识点展开，课后练习的设置与任务匹配，学生通过练习能更好地加深对知识点的理解。

特色四：本书内容的选择贴合新媒体时代发展，与时俱进且操作性强，适合职业院校电子商务专业教学使用。

特色五：本书在构思与编写过程中，充分发挥了校企合作的作用，引入专业的电商公司、电商设计公司和电商客服公司进行共同开发，结合电商企业的用人需求和岗位技能要求进行内容设计。

本书是基于产教融合案例进行开发的项目式教材，它由从事电子商务一线教学工作的专业教师与相关电子商务企业的行业精英合作编写。主编陈芳，负责全书的结构设计、样章编写、统稿、审核。项目一由刘颖斌、阮悦韶编写；项目二由牛宏光、阮悦韶编写；项目三由银丁山、钟雄文编写；项目四由黄珊丹、陆显坤编写；项目五由唐瑜、江立军编写；项目六由付友、湛替、陈倩编写。朱京京负责排版、校对及在线教学资源库开发工作。

本书在编写过程中引用了很多专家学者的观点和资料，一些案例来自网上搜索（仅限教学使用），在此对原作者表示真挚的感谢。由于时间仓促，本书中难免会有差错和疏漏，恳请读者批评指正。

编者

目录 CONTENTS

项目一　认识直播

项目二　直播间的搭建

项目三　直播平台权限开通

项目四　直播营销策略

项目五　直播脚本设计

项目六　直播的全方位配合

项目一

认识直播

情境介绍

王新是某职业学校电子商务专业的学生，他本人性格活泼、外向，具有较强的学习能力。王新发现直播电商行业非常热门，他想学习直播知识。在新学期，他加入了学校的电商直播工作室。工作室的老师给他分配了一个任务，让他着手写一篇关于电商直播现状的调研报告。由于王新没有接触过相关课程，所以他需要从网络等渠道查询资料，来完成老师安排的任务。

学习目标

知识目标

1. 掌握直播的含义。
2. 了解直播电商的发展趋势。
3. 了解直播电商产生的原因。

技能目标

1. 掌握直播电商的特点。
2. 掌握直播电商的类型。
3. 熟悉直播电商平台。

思政目标

1. 通过学习相关知识，能够对直播电商岗位有更深刻的认知，对自己的职业规划有明确的目标。
2. 培养学生的团队合作能力。
3. 培养学生良好的职业素养。

任务一 直播概述

任务导入

王新为了完成直播调查报告，上网搜索了直播的含义、发展历程、现状、前景等资料并对相关知识有了初步的了解。为了更好地学习直播知识，深入理解直播的含义、主要特点、优势等内容，王新为自己制订了学习单（见表 1－1），用以梳理他在调研中了解到的知识。

表 1－1 学习单

学习项目	关键词
直播的含义	信息传播、网络平台
直播的主要特点	快速、互动
直播的优势	便利、传播快
直播内容生产方式分类	专业领域、用户原创

知识探究

随着互联网技术的发展，越来越多的人关注网络直播，尤以网络视频直播备受喜爱。

一、直播的含义

直播是利用网络平台，跟随一个事件的产生、发展，将事件内容进行编辑、制作，同时进行信息发布，并且将各种信息交互传播的一种形式。信息传播的方式包括文字、音频、视频等。

二、直播的主要特点

（一）互动性强

直播具有“现场+同场+互动”的特点，即主播在一个直播现场，与其他用户同场进行沟通，及时进行互动。直播的互动性远强于传统的移动直播电商和传统的社交网络电商，更容易直接获得用户的信任。

（二）创意性明显

知识产权（Intellectual Property，IP）是对智力成果所拥有的权利。每个直播作品都具有原创属性，每位主播也具有独特的风格，这是主播的 IP 标签，更是一种主播情感与精神的体现。

（三）高度去中心化

直播不同于一般媒体“创造优质内容，再把优质内容分享给所有人”的思路，它追求的是让尽量多的用户分享不同的生活，在这个平台找到存在感。对特别精彩的内容，直播平台会给予流量方面的正向激励，但某个内容的流量达到一定阈值后，就会被撤掉，即平台不会把优质位置永远留给同一个内容，所以在流量分配机制上，对新人而言具有一定的公平性。直播平台的这一特点为商家提供了可以运营自身直播品牌、“粉丝”的更多商业机会和发展的可能性。

三、直播的优势

在电子商务领域，直播营销对传统电商直播的“人—货—场”模式进行了升级，目的是基于企业用户的全生命周期营销管理体系，构建新的直播营销模式体系，并与用户建立深度互动连接。

（一）更好地体现 4C 优势

在移动互联网时代，传统的 4P（消费者、成本、便利、沟通）营销理论逐渐升级为

4C（消费者、成本、便利、沟通）营销理论，如图 1－1 所示。直播电商可以很好地体现 4C 营销理论的巨大优势，如以用户为中心，直播用户体验感更好；用户通过进入直播电商场景可以直接购买性价比更高的商品，从而省去中间商赚取的差价；厂家和其他用户之间的触达更便利，特别是一些具有高 IP 属性的视频主播，可与用户建立起高度的信任感，沟通效果更好。

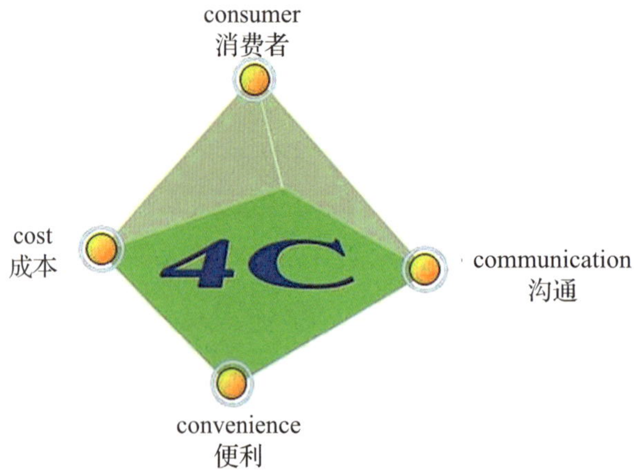

图 1－1　4C（消费者、成本、便利、沟通）营销理论

（二）取得用户的信任

直播电商可以以有趣、有料、有用的营销内容进行产品营销，从而更好地获得广大用户对产品的信任。主播在网络平台上通过各种有趣的形式宣传产品，用户在直播间获得优惠券，在直播间下单之后享受送货上门服务。这种购物方式使商家与用户频繁、高效地直接进行信息互动，直播用户对视频主播以及产品的信任感更强。

（三）促使传统互联网企业更好地向移动互联网企业转型

传统互联网企业升级转型的主要途径之一是“网络协同＋数据智能”，而企业数据融合智能化升级的核心理念则是通过对建立在一起的企业用户数据进行连接，并对企业用户体验进行全方位、全生命周期画像、互动，以及创造价值链。但要在私域用户之间建立有效连接，就必须构建一个独立的用户流量池，即用户建立在一起真正成为属于直播企业自身的私域用户流量，而通过直播，企业电商平台能够更好地吸引私域用户，进而把私域用户流量转化成属于企业自身的用户流量池，这将极大地助力直播企业实现数据化和智能化的企业转型改造升级。

四、直播内容生产方式分类

直播平台是各大电商实现其平台社区化和直播内容一体化的重要手段。通过这种手段，电商企业可以将有价值的产品信息传递给大量用户，从而拥有大量用户并实现潜在用户向订单用户的转化。所以，直播平台应当鼓励品牌主播或者品牌直播内容策划制作团队生产高质量的直播内容。直播内容的生产方式主要有两种，一种是专业生产内容，另一种是用户原创内容。

（一）专业生产内容

专业生产内容（Professional Generated Content，PGC）是指由每一个不同领域的关键意见领袖或者一个专业设计团队共同设计制作的内容。这种方式所生产的内容信息质量高，是对该领域深层次的市场分析和行业洞见，往往能向不同受众快速传播有价值的内容信息，满足不同受众对于相关高质量产品内容信息的不同需求。电商企业制作此类产品内容不仅仅是为了传播产品信息、提高产品销量，很多情况下它还承担着企业品牌形象推广的重任。因此，此类内容整体质量相对较高。

（二）用户原创内容

用户原创内容（User Genernated Content，UGC）是指由普通用户自行制作的内容。由于在直播电商平台通过直播开展各种销售活动成本相对较低，所以许多门店直播商家或者直播店主在网上选择自己入驻，而不是通过专业直播团队进行销售。从整体发展情况来看，这种网络营销传播方式生产的网络视频内容质量较低，对商品目标用户的整体视觉吸引力不够，商品的视频订单转化率和销售效率相对较低。目前，这部分直播视频内容在直播投放平台中仍然占据很大的直播投放比例。电商企业应该积极开发更多专业团队打造直播原创内容，提高视频订单转化率。

任务实施

工作室老师给王新提供了一些关于直播对用户购物决策影响的数据，让他运用所学知识进行分析。

第一步：王新仔细观察了图 1－2 中的数据，对直播对用户购物决策的影响有了一定认识。

直播/短视频内容对用户购物决策的影响调研

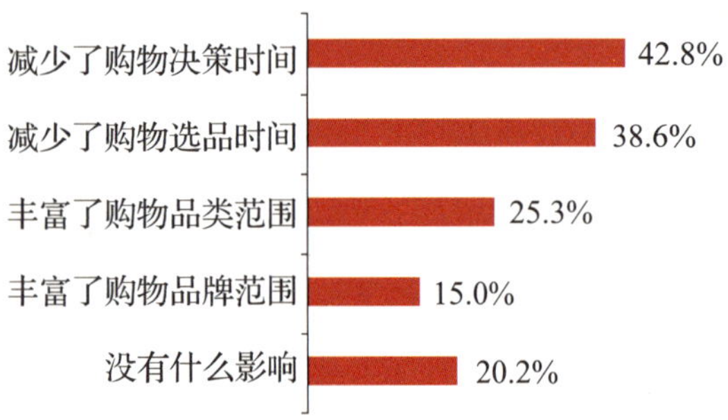

资料来源：QuestMobile，中信证券研究部。

2019年第一季度直播用户在直播看到商品广告时下单冲动程度调查

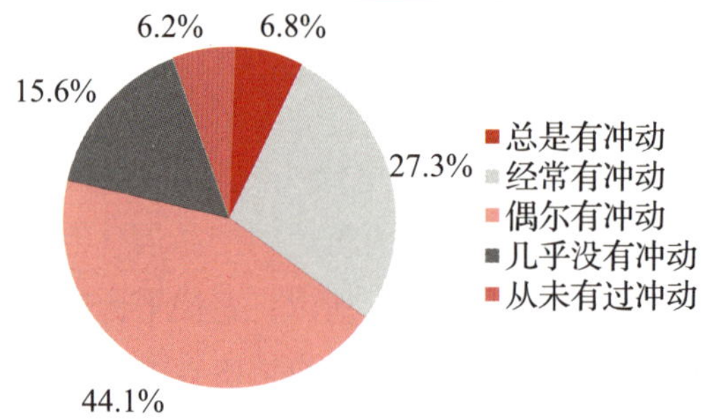

资料来源：艾媒咨询，中信证券研究部。

图 1－2　直播对用户购物决策的影响

第二步：王新从直播内容、传播情况以及互动性等方面进行了分析，如表 1－2 所示。

表 1－2　分析表 1

内容	分析
直播内容对用户的影响	减少了购物决策的时间，减少了购物选品的时间，丰富了购物品类的范围
传播情况对用户的影响	传播范围更广，用户下单量更大
互动性对用户的影响	帮助用户全方位地了解产品

第三步：王新对下单决策、下单量进行了分析，如表 1－3 所示。

表 1－3　分析表 2

内容	分析
下单决策	下单决策受到影响，决策更加迅速
下单量	下单量显著上升

同步训练

任务描述：为了更好地梳理本任务的知识点，请你对“淘宝直播”进行分析并完成调查分析表（见表 1－4）。

表 1－4　调查分析表

项目	分析
搜索“淘宝直播”	
分析内容、传播及互动性	
分析表现形式、下单量	

任务评价见表 1－5。

表 1-5 任务评价表

评价内容	分值	评价		
		自评	小组评价	教师评价
分析淘宝直播的推广方式	15			
分析内容、传播及互动性	45			
分析表现形式、下单量	40			
合计	100			

任务二 ▶ 直播的发展现状和趋势

任务导入

王新通过对电商平台进行仔细调查，了解了直播的相关知识，对电商直播有了初步的认识。为了完善直播电商调查报告的内容，王新为自己制订了学习单（见表 1-6），用以梳理直播兴起的原因、现状，以及直播平台的发展等方面的知识。

表 1-6 学习单

学习项目	关键词
直播的兴起	通信技术的发展
直播电商行业的发展	行业化
直播平台的发展	电商平台
直播电商的发展趋势	规范化、垂直化、多样化等

知识探究

在移动互联网时代，在线直播行业迎来高速发展。未来，在线直播结合新技术有望再次迎来突破。

一、直播的兴起

（一）移动通信技术的升级

20 世纪 80 年代以来，移动通信技术已经先后经历了 1G、2G、3G、4G、5G（见图 1-3）。

特别是 4G 之后，移动通信传播技术的发展使得网络直播这种新型的传播技术手段得以大规模推广使用，我国移动通信互联网平台用户、直播平台用户和传统电商直播用户出现了爆发式的高增长。5G 技术的应用，为电商行业带来了新的发展机遇。5G 作为新一代移动通信核心技术，使得互联网设备更加趋于移动化、IT 化、智能化、灵活化等，这一切都为手机用户在电商方面享受极致化的服务体验奠定了基础。

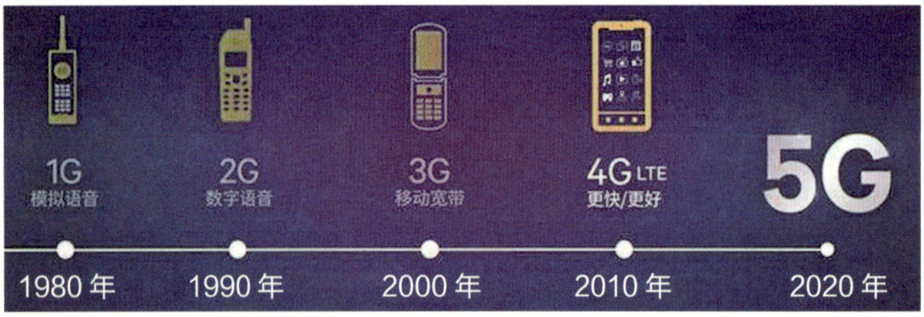

图 1－3　移动通信技术升级

（二）流量资费水平大幅度下降

2G、3G 网络时代，流量资费比较贵，而且网速比较慢，导致移动设备的音视频、直播等各类需要大流量的应用难以得到快速发展，以网络图文、视频为主的微博、微信等大型社交网络媒体应用平台难以取得快速增长和发展。随着 4G 技术的逐渐普及，流量资费大幅下降，网络传输速度也得到了很大提升。近年来，随着 5G 技术大规模投入商用，移动设备的流量资费水平更是大幅度下降。中国信息通信研究院发布的《中国宽带资费水平报告（2020 年第四季度）》显示，截至 2020 年第四季末，我国移动数据流量平均资费为 3.75 元 /GB，同比下降 24.8%；用户月均移动数据使用量为 10.44GB，同比增长 34.0%；移动通信每月户均支出为 46.5 元，同比略降 0.6%（见图 1－4）。

目前，我国移动终端互联网用户流量依然保持持续快速增长。2020 年第一季度，移动互联网用户流量规模累计达到 357 亿 GB，同比增长 39.3%（见图 1－5），其中，通过手机上网的流量达到 344 亿 GB，同比增长 34.9%。2020 年 3 月户均移动互联网接入流量达到 95GB/ 户，同比上月增长 30.6%，较 2019 年 12 月同比提高 0.91GB/ 户，达到近 12 个月以来历史最高点。此外，智能手机价格的大幅度下降也为直播提供了良好的基础。

（三）手机用户数量快速增长

我国的网民数量尤其是手机网民数量规模巨大。中国互联网络信息中心的相关数据统计显示，截至 2020 年 3 月，我国累计网民注册规模为 9.04 亿人，是 2015 年年底 6.88 亿人的 1.3 倍，较 2018 年年底累计新增注册网民 7 508 万人，2020 年互联网网民普及率更是高达 64.5%（见图 1－6）。

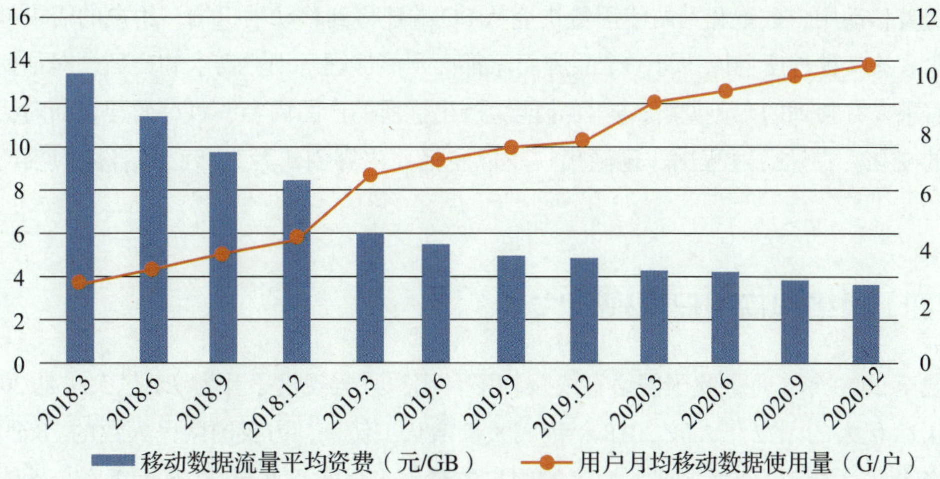

图 1－4　2018 年 3 月至 2020 年 12 月我国移动数据流量平均资费和用户月均使用数据情况

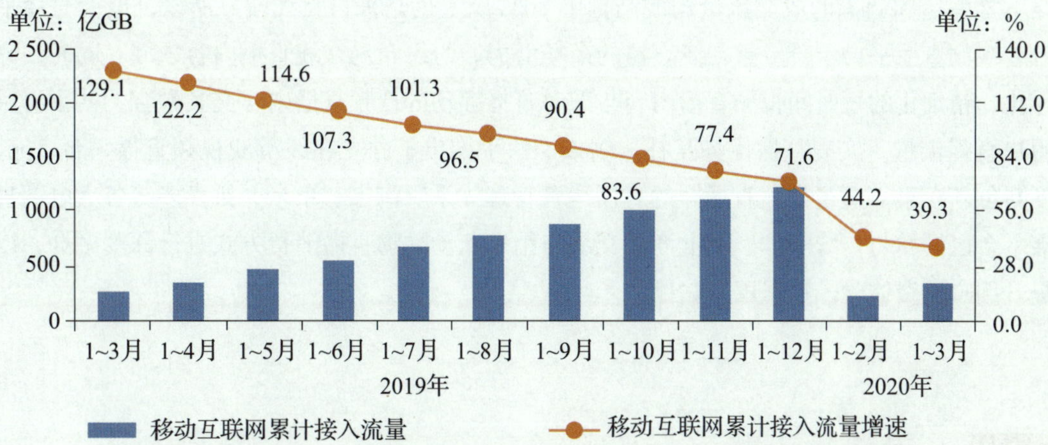

图 1－5　2019 年 1 月至 2020 年 3 月移动互联网累计接入流量同比增速情况

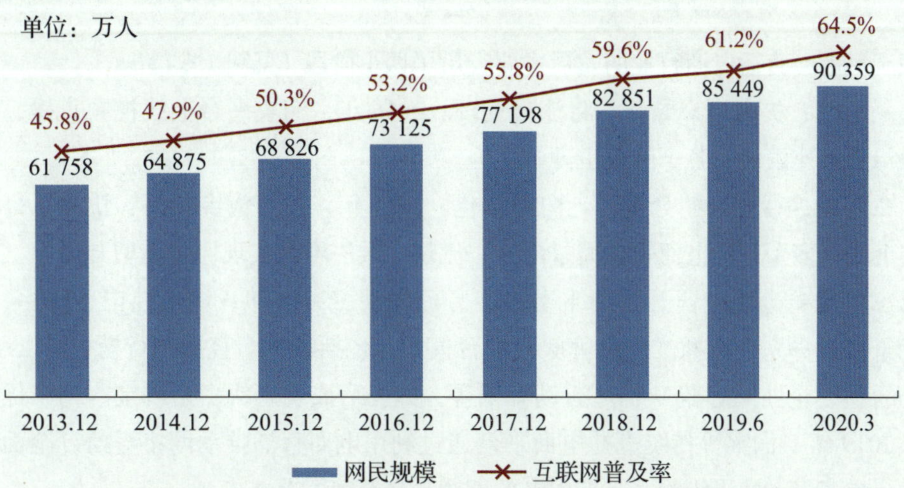

图 1－6　2013 年 12 月至 2020 年 3 月我国网民规模和互联网普及率

随着移动用户数量和网站使用量快速从 PC 端迁移到移动手机端，用户的需求越来越多样化。从某种程度上说，每一个品牌卖家都必须能够理解用户需求和产品，对如何满足用户需求要有独到的专业见解，这样才能生产出优质的产品内容，以有效迎合新时代零售市场的变化。在这一过程中，逐渐出现了以主播、内容创作者为核心的直播内容产品生产者。

（四）网络购物用户规模庞大

截至 2020 年 3 月，我国网络在线购物平台用户人数规模累计为 7.1 亿人，是 2015 年年底 4.13 亿人的 1.72 倍，较 2018 年年底大幅增长 1 亿人，占我国网民人数的 78.6%，较 2018 年年底大幅提升 5%。移动淘宝的用户数据库也显示，截至 2016 年年底，无线移动淘宝已经成功完成 1 亿全量用户转移。淘宝 80% 以上的商品成交流量来自无线端，线上线下零售店和商家的成交流量构成结构中 80% 以上也是来自无线端。所以，电商直播平台、视频直播平台十分看重在线直播的市场潜力，纷纷布局在线直播内容领域。同时，碎片化、精细化的短时间视频直播内容与即时直播互动的视频直播内容交叉融合，共享海量用户直播流量，实现直播优势互补。例如，快手推出了独立在线游戏视频直播平台 App，不断创新探索“短视频 + 直播”的直播运营管理体系。淘宝、京东、拼多多等各大电商直播平台已开始将传统实体、线上商品交易与用户互动购物直播消费方式进行深度融合，以提升用户消费体验，加强用户黏性。

二、直播电商行业的发展

截至目前，直播电商行业的发展主要经历了四个阶段（见图 1 - 7）：

第一阶段：提高用户黏性，将流量变现。2016 年，淘宝平台上线视频直播，直播电商视频行业迅速发展，各个平台也开始发力。

第二阶段：行业开始分化，走向精细化。2017 年，随着淘宝热门、快手、抖音等应用相继上线，多个直播电商平台通过内容、流量、玩法不断实现优化转型升级。

第三阶段：直播电商开始向丰富内容方面发展。2018 年，淘宝热门、快手、京东、抖音相继推出一系列直播文化品牌服务平台模式，包括秒搜、直播排行榜、MCN 企业战略营销合作、企业品牌蓝 V 推广行动计划等，并先后成功上线多个淘宝购物车优化服务项目。2019 年，淘宝等传统直播电商平台通过利用电商直播推动网络直播，全面实现直播爆发，拼多多、腾讯纷纷宣布加入电商直播平台营销大军。

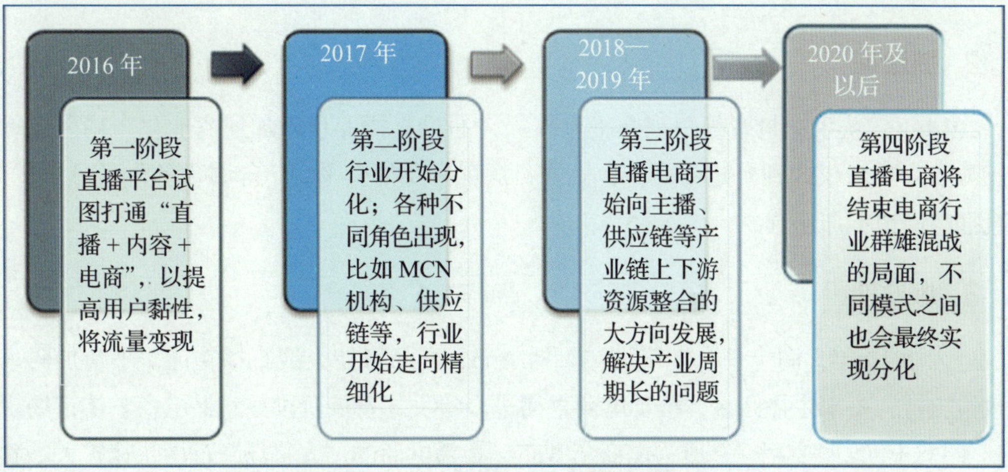

图 1－7　直播电商行业的发展阶段

第四阶段：行业不同模式开始分化。2020 年是直播电商的井喷之年，这主要是因为疫情形势下，线下零售受困，叠加用户的好奇心，带来了媒体端的红利。未来，直播电商可能会结束电商行业群雄混战的局面，不同模式之间也将最终实现分化。2020 年电商直播用户规模不断增长，中国互联网络信息中心的数据显示，截至 2020 年上半年，电商直播用户规模达 3.09 亿人，较 2020 年 3 月增长 4 430 万人，规模增速达 16.7%，占网购用户的 41%，占直播用户的 55%，成为上半年增长最快的个人互联网应用。在北京、上海、广州、杭州等地，电商直播基地已经初具雏形。2020 年直播电商整体规模突破万亿，2021 年直播电商规模继续扩大，保持高速增长态势。目前，直播电商行业已向着更大的直播电商平台规模、更专业的直播平台运营分工、与传统电商直播平台进一步深度融合三大趋势快速发展。

三、直播平台的发展

（一）直播平台的发展阶段

1. 初探期

2016 年是直播电商元年，这一年全国网络视频直播服务平台约有 200 家，网民用户规模约 3.25 亿人，占全国网民用户总数的 45.8%。蘑菇街、淘宝、京东等主流电商平台纷纷上线直播功能，不少名人开始直播带货。

2. 加速期

2018 年，快手、抖音等短视频平台入局，通过直播变现来加速商业化布局。从跳转第三方购物平台模式到自建商品平台模式，短视频及社交平台依靠强大的先天流量优势，为直播电商摁下加速键。

3. 爆发期

进入 2019 年，淘宝平台推出淘宝直播 App，网易考拉上线直播功能，平台加码、政府政策支持、头部主播凸显，推动电商直播进入爆发式发展阶段。直播电商整体市场规模达到 4 338 亿元，“直播 +”成为电商新常态，直播电商的“人货场”范围快速扩大，直播成为电商的“标配”。2020 年年初，“宅经济”为直播营销渗透率的提升持续“添砖加瓦”，多家平台顺势推出直播服务，如拼多多平台开启直播，微信小程序直播开启公测，小红书开启直播功能。

直播平台的发展阶段如图 1－8 所示。

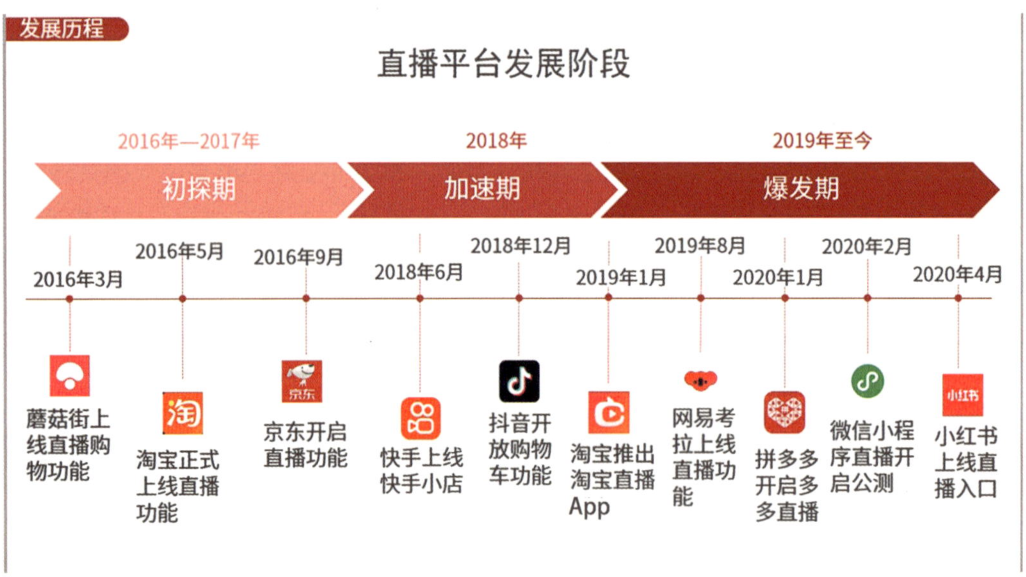

图 1－8　直播平台的发展阶段

（二）直播平台的分类

直播平台大体可分为两类：电商平台和内容平台（见图 1－9）。其中电商平台可分为以下几类：综合型电商，如淘宝网、拼多多、京东等；垂直类电商，如蘑菇街、玩物等；海淘类电商，如网易考拉、洋码头等。内容平台范围更加宽泛，可分为种草类电商：小红书、

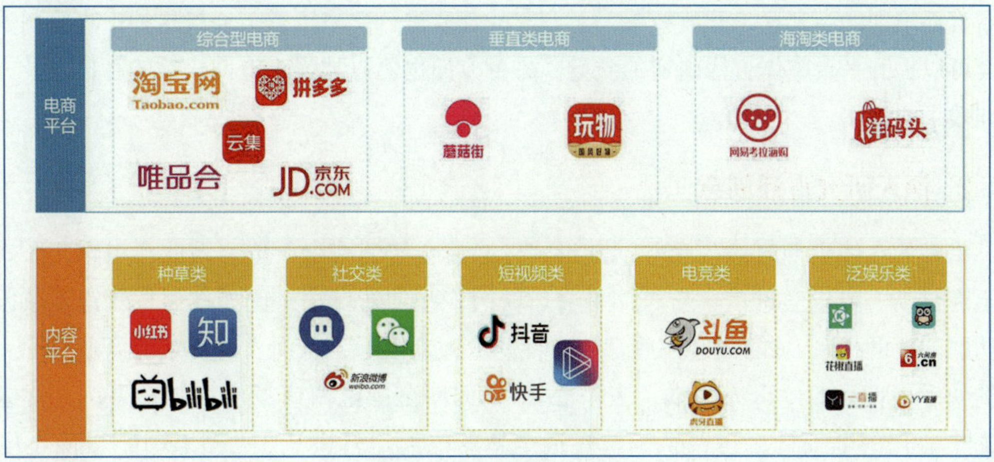

图 1－9　直播平台分类

知乎、B 站等；社交类电商：微信、微博等；短视频类电商：抖音、快手、西瓜视频等；电竞类电商：斗鱼、虎牙等；泛娱乐类电商：花椒直播、六间房、一直播等。直播平台充分发挥“直播 +”的模式，将直播渗透到各个细分领域，比如互动教育直播、商务直播、财经直播、电商直播等。

（三）直播电商平台的发展策略

1. 制作专业的直播内容

目前专业的大型电商品牌直播促销活动主要集中在新品促销活动旺季或者品牌新品正式发布季，其他时间段在电商平台直播的活动内容大多以普通用户自行制作的内容为主。一般来说，电商直播内容最好由专业团队制作，这样的内容才有可能产生更高的商业价值和市场吸引力。电商直播平台可以打造自己的 IP 栏目，以求让栏目、房间号、嘉宾都固定，培养用户观看固定栏目的习惯，一旦吸引了足够多的用户，就可以将商品信息植入，从而获得较好的转化。唯品会就曾正式上线“原创导购视频 + 互动导购直播”模式的导购直播固定视频栏目《唯品美美搭》，由固定人员主持，每周一期，获得了不错的收视率。同时，电商平台也要推动小商家以专业团队的方式生产内容，只有这样才会提升整个平台的水平。

电商培训平台可以结合自身的行业特点开发专业、系统的培训课程，对网络商家进行网络直播视频内容生产、投放等专业培训，让普通网络商家也具备进行直播视频内容生产的专业能力。比如淘宝大学里就有天猫直播的相关课程，但是系统化的课程较少，主要是一些零散的技巧。电商商家平台可以充分利用商家线上与平台线下直播培训，提升整个商家平台专业直播视频内容生产的整合能力，从而可以生产更多、更加专业化的直播内容，提升整个电商平台直播内容的生产质量。另外，电商平台应该加入内容审核机制，对参加电商直播培训的商家逐步开放权限，对商家的资质进行严格审查。通过这种审查机制，一方面可以提升平台整体直播内容的质量，另一方面也可以加强对电商直播的管控以及方便培训效果的评估。

2. 深入研究直播创意

单一的在线电商直播内容和活动形式，必然会使消费者厌倦，因此在内容、形式上要不断创新。可以尝试借鉴新媒体平台运营的一些创新玩法，比如在创意营销领域比较成功的“新世相”，总能创造一些营销事件博取大众眼球，从而实现既定的商业目标。如今的快手电商主打“以人为本，去中心化”，面向全国电商市场广大用户下沉，营造一个去中心化的电商社区运营氛围，打造全新的电商运营模式（见图 1－10）。除了电商直播本身的策划之外，还可与平台资源进行整合与合作，最终实现平台流量的增加以及销售转化。比如，天猫直播可以与天猫国际、聚划算、蚂蚁花呗等进行合作；京东直播可以与京东秒杀、小金库、京东白条等进行合作，共同策划直播活动，达到 1＋1＞2 的效果。

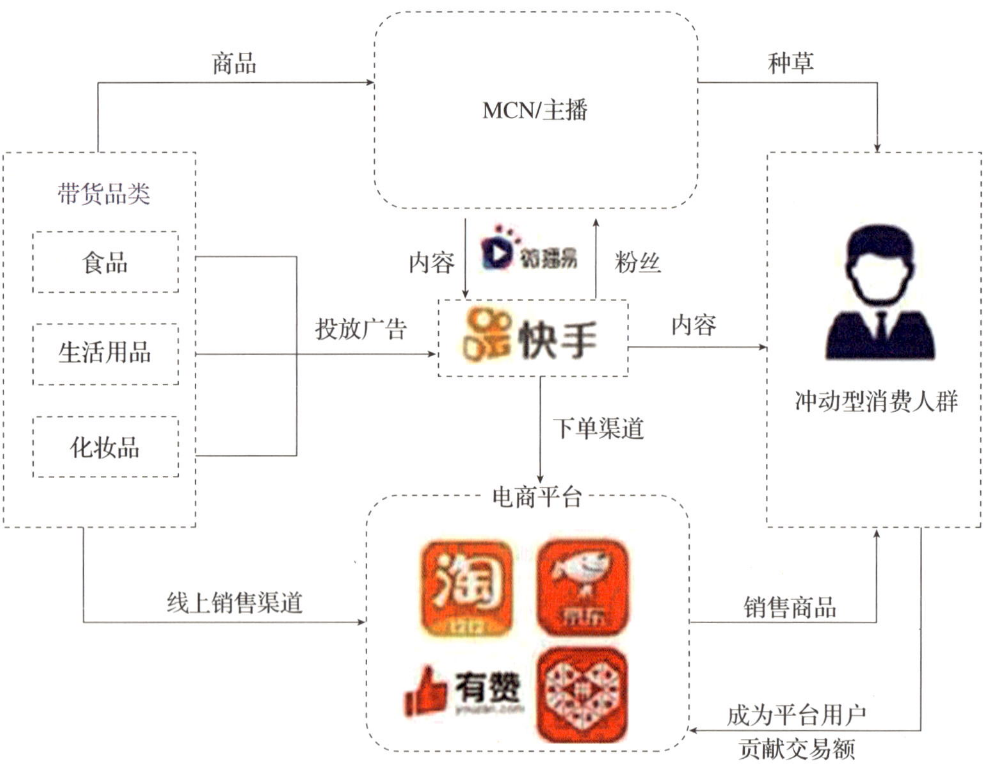

图 1－10　快手“以人为本，去中心化”的社区直播链

3. 重视打造优质主播

某时尚主播的一场直播在线观看人数能达到 41 万人以上，点赞 100 万次，直播结束后店铺的销售额能到 2 000 万元，相当于某些小店铺一年的销售额。主播在电商直播中的意见领袖的位置，直接决定了直播质量，因此电商直播平台必须注重培养专业的电商主播。电商平台可以成立自己的经纪公司，注意挖掘和培养一批专业主播，这样既可以单独为平台贡献优质的直播内容，也可以为商家提供相关的直播服务。电商直播平台培养主播一般有两个方向：一是培养其商品导购的专业性，二是将其打造成某一垂直领域的 KOL 或者网络红人。还有一种模式是促成商家与已有的第三方主播经纪公司的合作，丰富培养主播的渠道。

4. 发展社区，巩固用户

电商直播平台要想获得用户黏性，首先就是要长时间积累口碑，这样才能获得良性发展。直播只是电商平台内容化的方式之一，商品本身的质量依然要放到首位，做好品控工作，使电商直播平台杜绝低质商品，这样才能获得用户的信任。在此基础上可以通过直播平台与用户进行深度互动，以提升用户的自我认知和平台的美誉度。其次，就是打造差异化的内容社区。在直播结束后，一定要第一时间对直播内容进行重新剪辑，及时进行视频回放，形成二次传播，继续触达未观看直播的用户；针对某一场直播，可以将直播内容进行重新编辑，制作成各种专题短视频，也会吸引一部分用户观看。最后，主播可以在活动直播回放后直接开设直播问题回答功能，针对本次直播活动的商品等各种常见问题在直播间回答，主播在回答问题的同时，用户和商家也可以回答提问，这样可以延长直播的时间，用户在此次直播中停留的时间越长，用户的黏性也就越强。

5. 优化用户购物体验

用户心理体验是指一个用户在开始使用一款新产品或体验一项服务时主观的心理感受。用户在使用一款产品或体验一项服务前有一定的心理预期，实际使用的体验超出这个预期时，就能给用户带来惊喜。优质的视频购物直播一定能有效优化用户的购物体验，不仅可以使用户更加喜欢直播推广的产品，而且乐于将其推荐给周围的亲朋好友，让整个电商视频直播购物平台的良好品牌形象得以广泛宣传，形成良好的品牌自传播效应。电商直播平台要利用好不断发展的技术，用高新技术赋能用户的购物体验。比如引入 AR、VR、图像处理等高新技术，在视觉感官上提升消费者在电商平台的购物体验。京东小米官方旗下自营手机旗舰店中的部分商品，如小米手机、手环、笔记本等购物页就特别加入了“3D”产品信息展示，用户可以 360° 全方位查看相关产品的每个细节，加深对相关产品的深入了解，以利于做出合理的产品购买决策。提升电商直播平台本身的流畅度，也可以优化用户的购物体验。电商 App 本身的使用体验直接关系到用户对直播的评价，而直播本身的流畅度也要不断优化，不可出现卡顿或延迟等影响产品体验的问题。同时，简化菜单以及核心功能的入口，缩短用户与常用功能的路径，让用户的需求在第一时间得到满足，这样才能给用户流畅的产品体验。

四、直播电商的发展趋势

（一）直播电商行业越来越规范化

2020 年新型冠状病毒引起的肺炎疫情，让本该自然发展的直播电商迅速进入了爆发期。短时期内大量商家的涌入推动，使行业进入了飞速成长阶段。在此期间，有消费者对电商直播新业态、新模式的积极响应和包容，也有一些利用相关法律、规则与标准的暂时缺席趁虚而入的不法商家，一些带货平台也存在不少问题，名人带货的商品出现质量问题的新闻屡见不鲜。2020 年上半年，伴随着行业的进一步成熟，各地政府相继出台了直播购物的运营、服务规范以及服务体系评价指南，直播电商行业开始向规范化迈出了一小步。未来，随着监管部门的进一步介入，电商直播市场无疑会朝着更加规范化和职业化的方向发展。这种规范主要从直播人员言行、直播产品品质以及主体责任落实等方面来制定。

（二）行业细分直播领域更加垂直化

在整个直播电商行业发展的大背景下，传统电商转型升级直播带货，还有不少传统企业直接利用直播技术开始"电商化"运作，如内联升、吴裕泰等老字号纷纷通过开网店、运营粉丝社群等方式走上直播"带货"的道路。不过，当所有人都可以参与直播带货时，未来真正有效能的直播方向到底是什么呢？从目前行业所呈现的态势来看，垂直化的直播电商形式正在兴起，直播面临更加专业化的挑战。也就是说，只有深耕垂直化的直播电商才能有立足之地。"垂直化"是近年来一直备受关注的词语。在直播电商领域，垂直化的直播更能提前发现用户人群的需求特征，并且通过平台供应链把这部分潜在需求进行转化。随着直播电商更加常态化，用户进入直播间购物也会更加理性，主要还是要看具体的商品是什么，自己是否真正需要，带货主播是否和商品契合等。因此，结合自身的优势，加快抢占垂直细分阵地，是电商直播目前也是未来必须直面的问题。

（三）新科技带来多样化直播

直播电商之所以能在短时间内获得如此快速的发展，除了疫情的催生外，很重要的一点在于它提升了消费者的购物体验，带来了一种全新的购物模式。消费者在了解一款商品时，不再依赖于传统的图文详情页介绍，从中反复寻找自己所需的信息，而是在直播间可以通过多维度、立体化的呈现方式去了解商品细节。再加上主播实时解答用户心中的困惑，从而有效地满足了消费者在购物前充分了解商品信息的需求。5G 时代下，直播电商将会进一步放大这一优势，很多直播新科技也会带来更加多样化的直播场景。高速网络环境下，直播间可以从室内走向户外，深入产品的原产地直播。比如直播销售生鲜水果就可以在水果种植区直播，让消费者直观感受现场采摘；直播销售地方特产美食，主播可以直播美食制作过程，让消费者进一步了解所购商品。随着虚拟现实技术的发展，线上购物与线下购物的体验壁垒正在被逐步打破。比如，部分直播基地已经率先尝试 MR/VR 技术，让用户有了沉浸式体验。未来，随着科技的进步，借助人工智能机器人 +VR/MR 技术 +5G 的组合，我们可能会进入一个全新的“视界”。

（四）直接获取用户反馈

电子商务的市场竞争始终都是围绕着每个用户需求展开的，谁能准确充分了解每个消费者的实际需求，并且快速响应满足这种需求，谁就能获得更多的商业利益。许多企业设置“用户研究”这个部门，就是为了更好地对自己的目标用户进行“画像”，从而进行用户细分和需求信息的搜集汇总。电商平台直播具有高效的信息互动性，电商平台主播能与电商消费者针对电商产品需求进行各种实时性的信息沟通，主播能够在第一时间深入了解电商消费者的需求和偏好，主播与电商消费者之间进行各种深度信息互动之后就会逐渐建立相对稳定的合作关系，出于对主播的信任，消费者愿意表达真实的诉求，收到反馈的商家能及时对产品进行调整，以满足消费者的需求，这样商家就能“适销对路”提升经济效益。所以，直播是电商平台获取用户属性和需求的一个强有力的抓手。

（五）更加真实的商品信息

在传统电商时代，商品的主要展示方式是图文，虽然近年来有些平台开始使用短视频来展示商品特性，但对于商品信息的传播还是会有遗漏，这就有可能导致消费者在购买商品时犹豫不决，以至于流失订单。而直播打破了消费者对电商产品质量的诸多顾虑，改变了传统电商商家和消费者之间对产品基本信息掌握不对等的现状。因为电商平台的直播一旦开启，商品信息和主播的真实性言行就会完全暴露在消费者面前。电商直播的最大特性就是让商品信息实时传播，具有“所见即所得”的巨大优势，拉近了广大消费者和商品之间的信息距离，赋予广大消费者类似于现场电商购物的全新体验。同时，电商平台的主播也会通过一系列技术增强商品信息传播的真实性感知。比如，在服装类商品直播过程中，主播会在直播间标注自己的真实身高、体重、三围等身体数据，之后对衣服进行试穿，消费者依据主播的数据以及试穿结果，就能对衣服的信息有更进一步的认知。对于直播平台来说，获得消费者的信任，一方面会刺激消费者模糊的购买欲，从而使消费者形成清晰的消费需求，在电商平台完成购物行为；另一方面，获得消费者的信任能大大增加商品的复购率以及消费者对商品的口碑传播。

(六)“直播 +” 技术得以广泛应用

当前直播技术应用涵盖领域较为丰富，影响广泛且深远，正在逐渐成为拉动经济的新动能和基础设施。

直播行业的蓬勃发展，让各大头部电商看到商机，纷纷在自家平台上嵌入直播功能，为平台流量赋能，并不断探索营销策略。购物街、商品打折、清仓促销、购物满减、优惠券发放等，这些营销策略都是为了吸引消费者。京东、天猫等平台也在电商模式上不断创新，引入秒杀、团购、聚划算、预售、众筹、花呗、白条等方式，吸引更多消费者关注，最终实现商品售卖的目的。

任务实施

通过对电商直播相关资料的搜集与整理，王新对直播电商发展现状有了更深层次的理解。为了更好地完成任务，王新决定结合身边的直播电商项目，对直播电商发展的四个阶段进行分析整理，丰富调查报告的内容。

第一步：王新对直播电商发展经历了哪几个阶段进行了分析，如表 1-7 所示。

表 1-7　分析表 1

阶段	目标
阶段一	提高用户黏性，将流量变现。
阶段二	行业分化，走向精细化。
阶段三	直播电商开始向丰富内容方面发展。
阶段四	行业不同模式开始分化。

第二步：王新对处于不同阶段的直播平台的表现形式、下单量等进行了分析，如表 1-8 所示。

表 1-8　分析表 2

项目	分析
表现形式	第一阶段，开启线上视频直播；第二阶段，内容、规则不断完善丰富；第三阶段，平台丰富、优化服务项目；第四阶段，行业不同模式开始分化。
下单量	下单量不断增加。

同步训练

任务描述：为了更好地完成任务，请你对直播电商行业进行分析并完成调查分析表

（见表 1-9）。

表 1-9 调查分析表

项目	分析
直播兴起的原因	
直播电商发展现状	
直播电商的发展趋势	

任务评价见表 1-10。

表 1-10 任务评价表

评价内容	分值	评价		
		自评	小组评价	教师评价
直播兴起的原因	15			
直播电商发展现状	45			
直播电商的发展趋势	40			
合计	100			

项目小结

直播电商行业飞速发展，目前整个行业仍然在不断变化和完善中。希望通过本项目的学习，学生能对直播电商现状有更加全面的了解。本项目从直播电商的兴起、直播电商的现状、直播电商的分类、直播电商的发展、直播电商未来的发展趋势、直播平台的营销策略等方面，详细解读有关直播电商的背景知识。学生在不断积累直播电商知识的过程中，应合理运用所学知识，提高技能，为更好地理解直播电商后续项目的内容打下基础。

课后练习

一、填空题

1. 直播平台大体可分为：____________________。

2. 单一的在线电商直播内容和活动形式，必然会使消费者厌倦，因此在____________________、玩法上要不断创新。

3. 直播电商行业已向着更大的直播电商平台__________、更专业的直播平台__________、与传统电商直播平台电商进一步深度融合三大趋势快速发展。

4. 拉斯韦尔的“5W”传播模式中，传播过程主要有________、________、________、受众和________五个基本要素。

5. 在传统电商时代，商品的主要展示方式是________。

二、简答题

1. 直播兴起的原因是什么？
2. 直播电商行业各个发展阶段的特点是什么？
3. 直播的优势有哪些？
4. 简述直播电商的发展趋势。
5. 直播平台的发展策略有哪些？

三、案例分析

案例 1

小仙炖直播突围：创始人亲自下场很给力

2019 年双 11，鲜炖燕窝品牌小仙炖在天猫平台销售额突破亿元大关，成为首个进入天猫亿元俱乐部的中国传统滋补品牌，同时成为天猫、京东两大平台燕窝单品销量冠军，全网销售额达到 1.3 亿元，同比 2018 年双 11 增长 302%。从 11 月 4 日开始，创始人林小仙每晚 8:00 至 11:30 都在淘宝直播与粉丝面对面沟通，每晚观看量均达到 1 万多人次，互动节奏紧凑，热度居高不下。小仙炖旗舰店在淘宝直播双 11 品质冲榜日的热度排行榜中一度冲到了第 7 位，超过了雅诗兰黛、雪花秀等美妆大牌。直播期间，小仙炖鲜炖燕窝每晚的销量都在百万以上，年卡销售量飙升，“创始人来了”的直播影响力出乎意料。可见，创始人亲自下场直播，也是一种特别的策略，能够助力品牌触达目标用户群体，深化品牌形象。

案例 2

茶饮也要玩转数字创新

“天猫精灵，来杯咖啡。”

“为您点到一杯热美式，来自星巴克专星送……”

2019 年 9 月 16 日，星巴克和淘宝知名主编合作，首次参与淘宝直播。在直播中，主播一边介绍手中的星巴克杯子，一边和星巴克定制版天猫精灵互动，演示着语音点咖啡，在产品上线五秒倒计时结束后，3 000 件星巴克联名产品随即秒售罄。

而当天晚上直播间里的星巴克产品，成交了 9 万多杯星冰乐双杯券，3.8 万多杯拿铁电子饮品券，3 万多杯橙柚派对双杯券，仅可以兑换的饮品加起来就近 16 万杯，相当于一家出杯量大的茶饮店五个月的销量。

此次天猫品牌日，星巴克一方面在天猫平台的活跃度和话题量直线上升，另一方面使线上线下用户联动加强，可谓一举多得。

案例 3

6 秒卖出 25.5 万张电影票

电影《南方车站的聚会》主创人员来到某主播淘宝直播间，通过淘宝直播进行了一场“线上路演”加“直播卖票”。而直播间买到的“电影票”，其实是一个优惠电影票资格，仅需 1 分钱，用户购买成功以后，还需要在票务平台再花 19.9 元购买自行选择场次的电影票，相当于花 20 元钱看场电影。

本次直播的数据让人十分惊喜，1 小时有 636 万人在线观看，25.5 万张电影票在 6 秒钟内被抢购一空。

可见电影的宣发路径正在向短视频、直播平台拓展。电影营销领域的不断跨界和升级尝试，也为电影业带来新的业态活力。

案例 4

蒙牛京东超级品牌日　2 小时卖出超 10 万箱

2019 年 8 月 27 日，蒙牛京东超级品牌日正式开启。晚上八点，众网红们开启直播，同台 PK 带货。通过亲身体验、产品成分讲解、牛奶搭配指南等，各网红使出浑身解数帮助消费者“拔草”。在 2 小时的直播中，PURE MILK 牛奶一款产品带货超 10 万箱。京东曾宣布将至少投入 10 亿资源推出红人孵化计划，邀请知名 MCN 机构参与其中，最终孵化出不超过 5 名超级网红，成为京东平台独有的“京品推荐官”。

据了解，该项目启动后，京东已在站内、站外开始投入资源力推。京东 App 还为“京品推荐官”搭建了专属页面，该页面分为直播会场和短视频板块。

京东此次推出“京品推荐官”活动，主要是为吸纳头部超级网红，聚合平台内的粉丝数量。

资料来源：直播带货经典案例——直播带货还能走多远.（2020-04-27）[2021-09-14]. https://www.sohu.com/a/391585721_117951.

思考：以上各个案例中的直播平台分别运用了什么直播策略？

四、拓展阅读

常见的直播营销模式

常用的直播营销模式有三种，分别是“品牌＋直播＋明星”“品牌＋直播＋企业日常”“品牌＋直播＋深互动”。

一、品牌＋直播＋明星

“品牌＋直播＋明星”在企业直播营销的所有方式中，属于相对成熟、方便执行、容易成功的一种方式。明星往往拥有庞大的粉丝圈，产生的效应可以迅速抓住观众的注意力，进而产生巨大的流量。所以在大多数情况下，企业想要通过直播塑造品牌形象时，一般都会优先考虑拥有固定形象的明星。

不过需要考虑的是，这种方式虽然见效快，但也有一定的缺陷。大部分明星很难留下影响较为深远的话题，而且明星直播已经被大量企业采用，观众对明星的好奇心被大量消磨之后，其产生的效益也会大大减少。因此，企业在利用这种直播方式开展营销活动的时候，要学会把握时机、适当利用。

二、品牌 + 直播 + 企业日常

在直播的时代，个人吃饭、购物等日常活动都可以作为宣传个人 IP 的直播内容，那么企业的日常同样也可以作为直播内容进行品牌宣传。

所谓“企业日常”，指的是企业制定、研发、生产产品的过程等，甚至企业开会的状态、员工的工作餐都可以成为“企业日常”。这些对于企业来说很平常，甚至有点琐碎的小事，对于消费者来说却是掩盖在产品光环下的“机密”。因此，将“企业日常”挖掘出来，搬上直播平台也是一种可以吸引观众注意力的直播营销方式。

三、品牌 + 直播 + 深互动

现在业界对于直播营销的探索还在进行中，但是有一点已经形成共识：直播最大的优势在于带给用户更直接、更亲近的使用体验，甚至可以做到零距离互动。

直播本身就具有高效的互动性，但企业想要让品牌通过直播平台与消费者进一步“深互动”则需要极大的创新思维。一旦企业对“品牌 + 直播 + 深互动”有了正确的创新思路，就会获得相当可观的成果。

以上三种模式各有优势与创新点，我们需要结合实际情况来进行选择。

资料来源：杭州聚卓营销策划有限公司．直播营销常见的几种模式．(2020-03-12) [2021-9-12]. https://baijiahao.baidu.com/s?id=1660918771311328955&wfr=spider&for=pc.

项目二

直播间的搭建

情境介绍

王新经过调研，了解了直播电商的相关知识并撰写了调研报告。工作室的老师又给他布置了新的任务——搭建直播间。因为王新没有学习过相关课程，所以他需要先了解搭建直播间的相关知识和方法。

学习目标

知识目标

1. 了解直播场景的概况。
2. 掌握直播场景中灯光设备的种类、使用方法、适用场景。
3. 掌握直播场景中影音设备的种类、使用方法、应用场景。
4. 掌握直播场景背景布置的种类、风格、应用场景。

技能目标

1. 掌握在直播中灯光的正确布置与使用。
2. 掌握在直播中正确使用直播影音设备。
3. 能够根据直播间的类型进行不同风格的直播间的布置。

思政目标

1. 能够对直播间搭建的重要性有更深刻的认知。
2. 培养学生良好的职业素养。

任务一 直播灯光的布置

任务导入

在本项目中，工作室老师给王新布置的任务是搭建直播间。在直播场景中，首先需要布置的是灯光设备。需要布置哪些灯光设备？如何正确使用这些设备？这些都需要王新去了解和掌握。王新为自己制订了学习单（见表 2－1），用以梳理灯光设备的种类等方面的知识。

表 2－1　学习单

学习项目	关键词
认识灯光设备的种类	补光灯
识别光源的类别	主光源、侧光源
掌握灯光的布置	方向

知识探究

直播场景的作用有很多，它可以点明整场直播的主题，突出直播的主要内容，营造良好的直播氛围。

一、直播场景概况

直播场景可以理解为将线下实体产品售卖的场景依托于互联网通过手机端移到线上以实时反馈的形式呈现出来。直播带货除了要有优质的“人”与“货”，对“场地”（直播场景）也是有要求的。试着想象一下，当你看到两个直播间，一个凌乱不堪、光线昏暗、模糊不清，另一个明亮整洁、画面清晰、富有美感，你的直觉会告诉你，进入第二个直播间。所以，要想取得良好的直播效果，需要在直播场景的布置上花点心思。

二、灯光设备的选择和调试

（一）环形补光灯

环形补光灯（见图 2-1）可对主播肤色的柔光进行增亮。主播可将手机夹在补光灯中间进行直播，伸缩杆可以伸缩，以达到最佳的直播效果。

使用场景：可放在桌面进行直播，也可伸长后进行直播；适合直播销售中小型产品，如小电器、零食、化妆品、服装等。

（二）矩形 / 方形 / 多边形补光灯

矩形 / 方形 / 多边形补光灯（见图 2-2）体积较大，灯光覆盖范围大，可将人物与背景及周边环境的柔光增亮，一般用作主灯或副补光灯。

使用场景：直播间辅助补光；背景及周边补光；人物正脸主光及侧脸补光。

（三）球形补光灯

球形补光灯（见图 2-3）可对直播间场景进行柔光增亮。外观是球形，适合对空间整体进行补光，并且可以伸缩补光。

使用场景：照亮直播间；对环境、背景及周边进行柔光补光；确定整个直播间的色调。

图 2-1　环形补光灯

图 2-2　矩形 / 方形补光灯

图 2-3　球形补光灯

三、灯光的布置

在直播过程中，灯光的布置非常重要，主播形象、产品外观、背景布置都要通过光源进行展示。直播间常见的光源分为四种：主光源、侧光源、逆光源、顶光源（见图 2－4）。

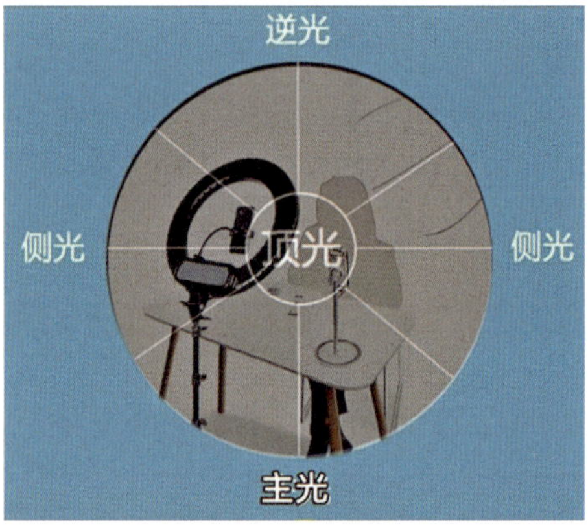

图 2－4　四种光源

（一）主光源

主光源一般放置在主播的前方或者略左、略右的位置，它是映射主播外貌和形态的主要光线，承担着主要照明的作用，可以使主播脸部受光匀称，是灯光美颜的第一步。主光源不仅可以提亮主播肤色，突出直播产品，还可以调节直播间的主色调（冷暖）。主光源展示，如图 2－5 所示。

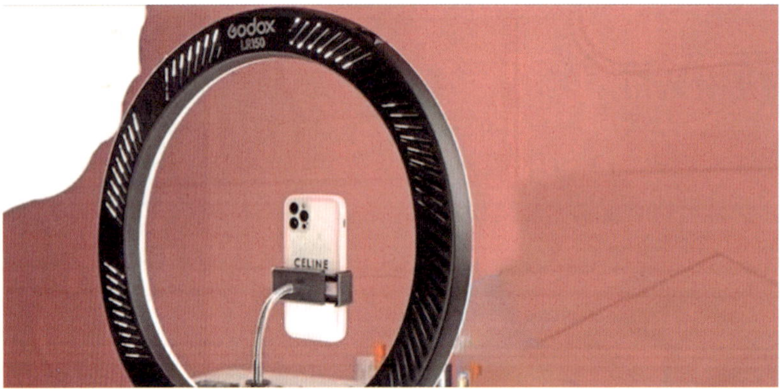

图 2－5　主光源展示

主光源通常采用冷色调的灯光，可以是房间的吊灯，也可以是独立的 LED 灯，灯光的瓦数和房间面积要协调，如卧室的灯光瓦数选择 100 瓦左右。根据直播间大小、产品种类，以及直播人数的不同，主光源的数量一般为 1 ～ 2 个。

（二）侧光源

由于主光源较为明亮，主播或者所直播的产品的侧面会产生阴影，适当的测光源可以提亮人物肤色，展示商品的细节，提升直播的品质。侧光源展示，如图 2－6 所示。

侧光源一般由补光灯提供。补光灯分为反光灯和面部补光灯两种。反光灯建议选择 LED 柔光箱打光灯，它可以从侧面照射墙面再折回，这样光线较为柔和，看起来会比较

图 2－6　侧光源展示

舒服。面部补光灯一般选用圆环形补光灯，可以直对着面部，但是亮度要设置一下，因为光线过亮可能会造成镜头中面部曝光。补光灯最好选择冷光，避免受灯光影响而显得脸部发黄，同时整体冷色光源会让镜头里主播的皮肤看起来更透彻。

根据直播需要，侧光源的数量一般为 1 ～ 3 个。

（三）逆光源

对主播身后暗的环境进行补光，常会用到逆光源。当逆光源出现在镜头中的时候，会产生逆光的效果，为主播的外形轮廓增加美的效果，同时给直播间增添氛围。

直播时，如果背景较空，可放置逆光源点缀背景。逆光源展示，如图 2－7 所示。

图 2－7　逆光源展示

(四)顶光源

由上向下进行补光的光源称为顶光源。顶光源通常用来给大面积的空间补光或者对桌面进行补光。

由于主、侧光源较为明亮，主播或者所直播产品的顶部会产生阴影，顶光源可照亮直播间，对背景和环境进行“交代”。顶光源展示，如图 2－8 所示。

图 2－8　顶光源展示

任务实施

通过对直播灯光设备相关知识与布置技巧的学习，王新对直播间灯光布置有了一定的了解。为了更好地布置直播间，王新决定分析热门网络主播的直播间灯光设备的选用和布置技巧，以进一步了解和掌握直播间灯光设备的特点与布置方法。

第一步：王新观看淘宝或抖音直播，从补光灯的样式方面进行分析（见表 2－2）。

表 2－2　分析表（按补光灯样式进行分析）

补光灯样式	分析
环形补光灯	柔光，使用场景多
方形补光灯	柔光，可用于侧光、背景、大的场景
球形补光灯	照亮直播间及环境，常用于顶光、发散光

第二步，根据直播商品进行分析（见表 2－3）。

表 2－3　分析表（按直播商品进行分析）

直播商品	分析
服装	灯光色调与服装相符合，主播站立时，光源照亮全身和背景
化妆品	脸部、手部光线亮，室内光线明亮，可适当采用逆光源
数码产品	色调为冷色光，突出产品
零食	需光照强烈，需要多处光源

同步训练

任务描述：请你分析总结布置光源的步骤，并填写表 2－4。

表 2－4　操作步骤

步骤	项目	分析
第一步	选择主光源并调整确定光源位置	
第二步	选择侧光源并调整确定光源位置	
第三步	选择逆光源并调整确定光源位置	
第四步	选择顶光源并调整确定光源位置	

任务评价见表 2－5。

表 2－5　任务评价表

评价内容	分值	评价		
		自评	小组评价	教师评价
了解灯光设备的相关知识	15			
根据直播内容进行分析	45			
掌握灯光布置的方法	40			
合计	100			

任务二 ▶ 认识直播影音设备

知识导入

王新购买了直播间需要的灯光设备并布置好，工作室的老师又安排他选购直播间的影音设备，并进行调试。为了让工作室直播工作顺利推进，王新制订学习单（见表 2－6），用以梳理直播影音设备相关知识。

表 2－6　学习单

学习项目	关键词
认识摄像设备种类	手机、相机、摄像机
认识音频设备类别	麦克风、声卡
认识显示设备	显示屏

知识探究

直播的观感、听感对直播效果有很大影响。好的观看效果会延长用户停留在直播间的时间，增加直播流量，实现直播目标。所以，为了保证和提升直播效果，直播时建议使用专业直播影音设备。

一、录像设备

（一）手机

如今，手机的种类和品牌多种多样，功能也很丰富，但是并不是所有的手机都适合直播。选择一部好的手机进行直播，会带来良好的直播效果，获得较高的直播流量。具体而言，选择直播所用手机时，可以参考以下几个因素。

1. 分辨率

手机分辨率一般应为 200 万及以上像素，观看直播时分辨率为 1 920 × 1 080p 及以上时，观看效果会比较好。手机的拍摄像素可支持 720p、1 080p、2 160p 等。

2. 灵敏度

在选择直播用的手机时并不是像素越高越好，还需要考虑手机的灵敏度，这需要参考手机的处理器和内存，经常卡顿的手机不建议作为直播设备。

（二）微单相机和单反相机

专业的直播间通常需要更清晰的图片，而一般的手机则无法满足这一需求。所以专业直播间会使用拍摄效果更好的微单相机和单反相机。

因为单反相机是广角镜头，所以画面取景更加广泛，大光圈下的主播、产品都能呈现出更加优质的画面。

（三）直播专用摄像机

为了更加专业、高效地进行直播，直播间也可以使用直播专用摄像机（见图 2－9），该种设备体积小巧，方便移动和调节，解决了手机像素不高、单反相机重且不便捷的问题。此外，直播专用摄像机还具有美颜、自动追焦等功能，可以对人物进行美颜处理，使背景呈现出景深效果，从而提升主播形象。

图 2－9　直播专用摄像机

二、收音设备

（一）麦克风

因为普通电脑的麦克风的拾音范围、灵敏度、音质都比较差，而且会产生延迟，不适合直播使用，所以需要使用专业的麦克风进行收音。

从使用场景来说，麦克风主要分为两种：电容麦和动圈麦，一般在室内使用电容麦，在室外使用动圈麦。就直播 K 歌而言，1 000 元以内的电容麦完全够用。此外，要注意买心形电容麦，这种电容麦只收心形所指方向的声音，而屏蔽其他方向的声音，这样就减少了其他方向的噪声。电容麦克风有立麦、领夹麦等多种形式。立麦（见图 2－10）适用于多种直播场景，可放置在桌上或地面上，响应频率在 30 ～ 15 000HZ，内置声卡，可有效降噪，适合单人和多人直播。领夹麦（见图 2－11）小巧、方便，可夹在衣领上，适合单人直播，收音效果强。

图 2－10　立麦

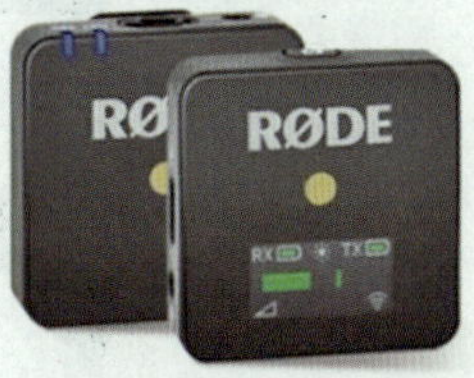

图 2－11　领夹麦

（二）声卡

声卡也叫音频卡，是计算机多媒体系统中最基本的组成部分，是实现声波 / 数字信号相互转换的一种硬件。声卡的基本功能是把来自话筒、磁带、光盘的原始声音信号加以转换，输出到耳机、扬声器、扩音机、录音机等声响设备，或通过音乐设备数字接口（MIDI）发出合成乐器的声音。

在直播过程中，声卡主要用于营造直播间的氛围，调节和切换声音音效以及音量的大小。图 2－12 所示为外置声卡，可连接台式电脑或手机，外接耳机与麦克风。

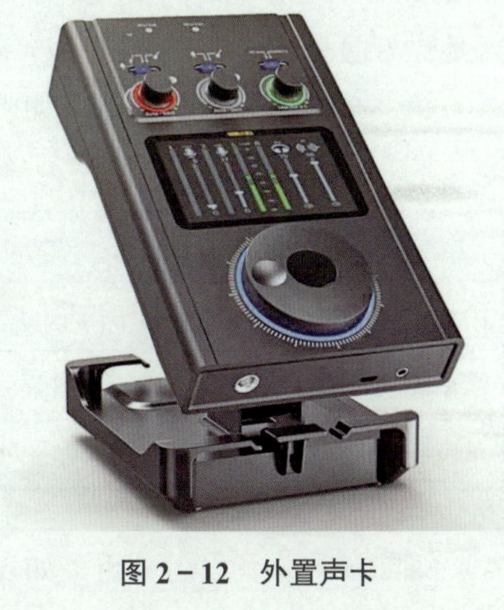

图 2－12　外置声卡

三、显示设备

在直播过程中，容易出现由于网络信号不佳导致的手机卡顿而退出直播画面，看不清直播人物、物品及留言的情况。此时，主播需要一台直播显示屏（见图 2－13）来实时观看直播间的效果，并及时回答观众提出的问题。

图 2－13　直播显示屏

任务实施

通过对直播影音设备的了解和学习，王新对直播间的搭建有了进一步的认识。为了更好地做好直播工作，王新决定详细分析直播影音设备的选购和调试技巧。

第一步：摄像设备分析，如表 2－7 所示。

表 2－7　摄像设备分析表

摄像设备	分析
手机	适合用于简单的直播，画面高清，操作流畅，满足日常直播需求
微单相机	半画幅、全画幅，画面清晰，可以选择 SONY（6 400L a7m3）、佳能（m6 RP）等
单反相机	可以选择佳能（70D /80D/ 90D/ 6D/ 5D）等，画面清晰、景深大

第二步：收音设备分析，如表 2－8 所示。

表 2－8　收音设备分析表

收音设备	分析
麦克风	电容麦克风，收音清晰，分为立麦与领夹麦，可根据不同的使用场景来选用
声卡	用于处理人声，添加声音效果

第三步：显示设备分析，如表 2－9 所示。

表 2－9　显示设备分析表

显示设备	分析
直播显示屏幕	大的直播间比较常用，画面大、清晰
电脑	调节相机转接

同步训练

任务描述：为了让工作室成功完成直播，请你对直播影音设备的选购和调试步骤进行分析并完成调查分析表（见表 2－10）。

表 2－10　调查分析表

项目	分析
录像设备的选择	
收音设备的选择	
显示设备的选择	
调试设备及确定设备摆放位置	

任务评价见表 2－11。

表 2－11　任务评价表

评价内容	分值	评价		
		自评	小组评价	教师评价
了解摄像设备	15			
了解收音设备	15			
了解显示设备	20			
设备的调试	50			
合计	100			

任务三 直播场景布置

任务导入

王新选购并调试好直播设备后，接下来要布置直播间。除了直播设备外，根据直播间的风格需要布置哪些物品呢？为了布置好直播间，王新制订了学习单（见表 2－12），用以梳理直播背景的布置等相关知识。

表 2－12　学习单

学习项目	关键词
直播背景的布置	主题、海报
直播前景的设置	直播产品
直播装饰和陈列的布置	装饰品摆放

知识探究

要想做好直播，一个美观、实用的直播间是必不可少的。在直播过程中，当用户进入你的直播间时，直播间的装修风格和氛围决定了用户对你的第一观感。那么如何去搭建一个直播间呢？直播间大小不同，一般可分为 15 平方米、15 ～ 30 平方米、30 平方米以上，可根据不同的直播间面积进行适当布置。

一、直播背景的布置

（一）促销优惠直播

将直播的主题、促销的商品、优惠的价格等活动内容设计在直播背景上。图 2－14 所示为某品牌饮品的直播间，直播背景是直播活动和产品的相关信息，其中价格被放在了醒目的位置。图 2－15 所示为某品牌天然乳胶枕的直播间，直播背景为 LED 屏幕，产品价格和活动信息通过屏幕显示，简洁、明了。

图 2－14　直播间（1）

图 2－15　直播间（2）

（二）品牌宣传直播

品牌宣传最好是将品牌 Logo 放入直播背景中，并且加入品牌代言人等元素。如图 2－16 和图 2－17 所示的两个品牌直播间，品牌 Logo 被放大并放置在背景板上，在品牌知名度较高的情况下，用户会根据品牌的知名度进入相应产品的直播间。

图 2－16　某运动品牌直播间

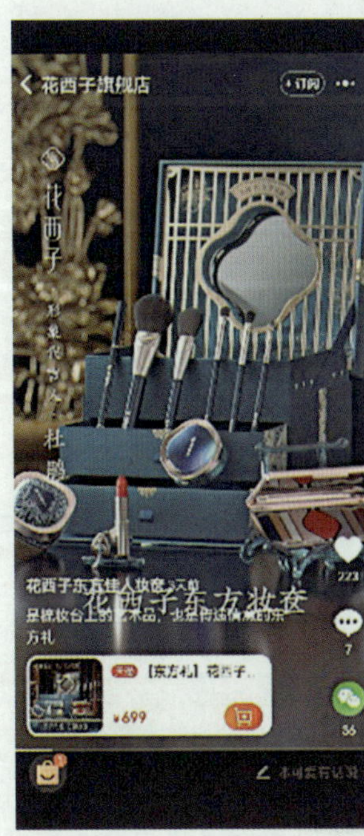

图 2－17　某化妆品品牌直播间

（三）真实门店、仓库直播

直播间可以将店铺或者仓库的真实场景作为背景（见图 2－18），让用户感觉到货物是真实存在的，这样可以让用户在购买商品时更加放心。此种形式多用于服装、食品类产品的直播。

图 2－18　仓库直播

（四）LED 电子屏，直播背景随心换

直播间会根据直播类别、活动形式、产品款式等的不同进行相应的变化，但如果一直在变，尤其是频繁更换背景会增加工作量。如何能使更换背景既省时又省力？使用 LED 电子屏就是一种途径。目前各大商场、店铺都会选择使用 LED 电子屏作为宣传设备。直播间使用 LED 电子屏（见图 2－19）的优点是屏幕清晰，更换推广内容比较方便，同时可以播放视频和图片等多种文件；缺点是 LED 电子屏价格稍贵。

图 2－19　LED 电子屏实现直播背景随心换

（五）绿幕背景，直播换装更简单

绿幕直播当下非常火爆，其原因之一就是融合了 LED 电子屏可任意更换背景的优点。绿幕就是一块平整的绿色布，成本比较低。绿幕直播结合电脑和显示器进行，即将直播现场录制的视频放入电脑中进行编辑，然后将绿色背景抠除，这样就可以将电脑中编辑好的背景图片放入直播背景中（见图 2－20

和图 2-21）。

图 2-20　绿幕直播现场

图 2-21　绿幕直播显示

（六）装饰背景，做好点缀

装饰直播间背景时，可以使用浅色背景布或者墙纸，也可以使用背景墙、壁画、摆件、地毯、彩灯、挂件等，具体可根据主播的风格或要求来安排（见图 2-22）。

图 2-22　装饰背景

资料链接

某直播间最近在多场直播中都用到了“虚拟背景”，虚拟背景有静态的，也有动态的。比如以“云年会”为主题的直播，时间在跨年期间，所以采用了“广州塔放烟花”的视频背景，整体效果和直播间气氛都非常出彩。使用虚拟背景的直播间，如图 2－23 所示。

图 2－23　使用虚拟背景的直播间

此外，还可以在直播间发送虚拟动画特效元素，例如给主播加特效背景框，给分屏幕加特效背景框等，如图 2－24 所示。

图 2－24　发送虚拟动画特效元素

直播特效到底如何做？其实并不难：使用 OBS（见图 2－25）或 vMix（见图 2－26）等软件，将直播画面进行“叠加处理”（类似于图层功能），配合现场绿幕布景和直播实时抠图功能，即可实现将“经过软件处理的画面”同步到直播平台，这样就能看到上述动画特效了。

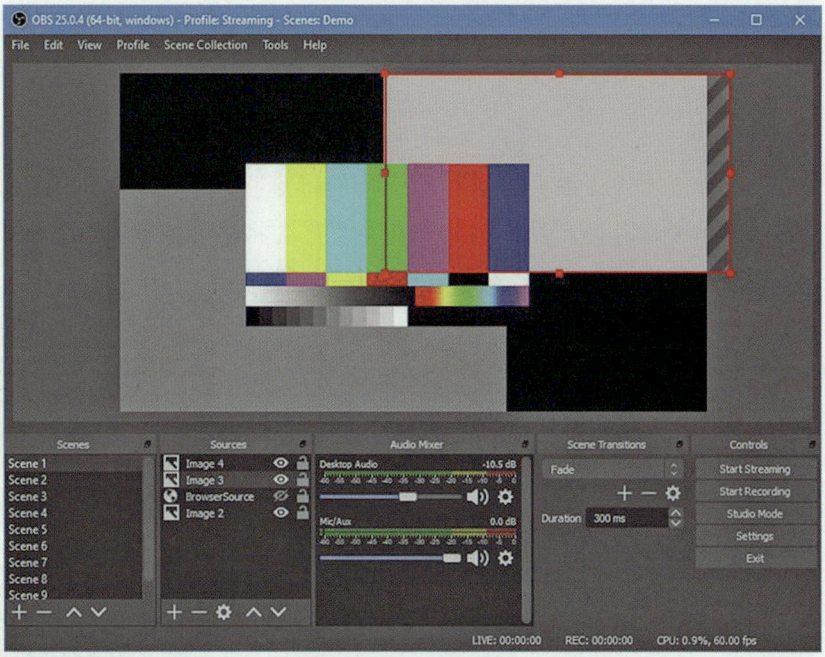

图 2-25　OBS 软件

图 2-26　vMix 软件

其中 OBS 是开源软件，免费使用，但学习成本较高；vMix 是付费软件，其专业性非常强，常用于影视特效 / 直播等场景。

对于 OBS 或者 vMix 软件的使用，大家可以在网络上查找免费的视频学习教程，或者在软件官网上查看帮助指引。

如果大家对直播特效感兴趣，可以与团队成员研究具体的使用方法，自己制作“超炫”的直播间，以满足不同直播内容的需求。

二、直播前景的设置

在直播中除了背景之外，最大的空间比例就是前景。前景的主要作用是让用户在观看直播时，第一时间了解直播产品，例如美食类直播会将很多的食物放置在前景；首饰类直播会将很多闪闪发亮的首饰放置在前景。直播前景如图 2-27 所示。

在直播前景中放置相关的商品，并且摆放有序，一是体现商品的真实性，让观众感受商品的外观；二是营造“优惠力度大”“商品种类多”“销售火爆”的氛围。

需要注意的是，直播前景中的商品并不是越多越好，应挑选重点商品进行陈列，如果商品太多会显得脏、乱、差，给人价廉质差的感觉。

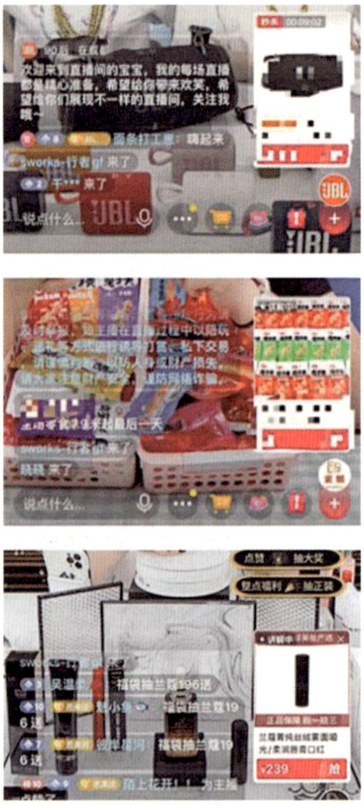

图 2-27　直播前景

三、直播装饰和陈列的布置

在直播间，除了要设置直播背景、前景外，还需要摆放一些装饰品，并且做好商品陈列工作。具体摆放哪些装饰品要根据主播或者商品品牌的风格来定，装饰品摆放太多会显得华而不实，太少则会显得有些空。

（一）装饰原则

1. 画龙点睛，点缀衬托

如果直播间比较简单，除了主播、商品、背景、前景外没有其他物件，可以考虑加入适当的物品进行点缀，例如在桌面上摆放绿植，在背景处摆放盆栽，用沙发、茶几做背景，也可以摆放一些玩偶等。

2. 冷暖交替，色调统一

直播间的色调应统一，如果直播间是冷色背景（如数码商品直播间），那么在装饰时可以考虑加入一些暖色装饰品，或者摆放一些有活力的物件，如动漫摆件、可爱的玩偶等。

（二）陈列布置

在陈列商品时，可采用货架陈列、家装陈列、模特陈列、衣架陈列等多种方式，对于不同类别的商品可以根据具体情况选择适当的陈列方法。

1. 服装类商品

服装类商品的直播间内可放置衣架或衣柜，要保持整洁干净，不要随意摆放。如果衣架或者衣柜摆放杂乱，就要避免这些物品出现在镜头中。服装类商品的陈列，如图 2-28 所示。

图 2-28 服装类商品的陈列

背景取景可选择店面或者仓库，面积可以大一些，这样显得大气、高端。背景色调建议以浅色调为主，以突出服装的颜色和款式。当然，直播卖家可以根据服装的品牌风格进行调整。

2. 箱包类商品

箱包类商品的直播间可以使用陈列柜，要注意摆放整齐，每款包可以标号，以便于用户观看和挑选，如图 2-29 所示。

3. 电器类商品

由于电器的大小、种类不同，所以电器类商品没有统一的陈列要求，具体可根据电器的大小、种类、品牌等选择合适的陈列方式。例如销售电风扇，可选择家装风格的直播间，并在周边放置商品，如图 2-30 所示。

图 2-29　箱包类商品的陈列

图 2-30　电器类商品的陈列（1）

大的电器，如洗衣机、吸油烟机、空调等，可以选择实地展示（专卖店或家装），但是由于直播间空间所限，可以选择在电子屏上陈列（见图 2-31）。此外，手机直播间一般是竖构图，当主播在镜头中时，留给陈列商品的位置很少，选择电子屏陈列商品，既方便用户观看，又节省空间，主播还可以单独拿出相应商品进行讲解。

图 2-31　电器类商品的陈列（2）

（三）直播间地面布置

直播间地面可以选择浅色系地毯、木地板。这一色系在进行美妆、服饰、美食、珠宝等商品展示时都比较适用。

（四）小黑板等其他装饰品的使用

直播间可使用小黑板进行装饰，标明直播期间的重要信息（如是否包邮、模特身材、服装尺寸等），如图 2-32 所示。直播间可以适当配一些背景音乐和小灯串，但音乐声不能太大，灯光不能太亮，以免分散用户对直播间的注意力。

图 2-32 小黑板

直播间的布置可以参见图 2-33。

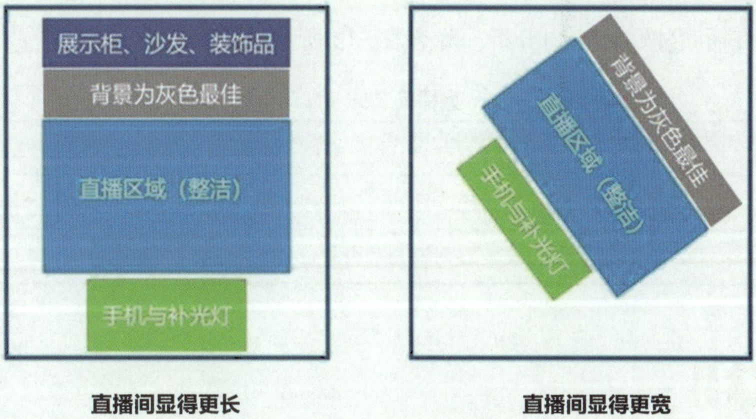

图 2-33 直播间的布置

在图 2-33 中，左边的布置可以使直播间显得更长，有景深感。前方放置摄像设备与补光灯；中间为直播区域，根据产品的不同，可放置桌子或者家装装饰等（一定要注意整洁有序）；后面为背景区域。右边的布置可以使直播间显得更宽。

任务实施

通过对直播场景布置的学习，王新基本了解了布置直播间的要点。为了更好地完成直播间的布置工作，王新决定进一步分析直播间场景布置的相关技巧。

第一步：直播背景设置分析，如表 2－13 所示。

表 2－13　直播间背景设置分析表

项目	分析
促销优惠	通过优惠活动，吸引用户
品牌 Logo、名人宣传	借助品牌、名人进行宣传
LED 电子屏	色彩亮丽，可自定义，科技感强，但价格高
店铺、仓库、货架	真实，可信度高
绿幕	价格低，方便更换背景

第二步：直播间前景设置分析，如表 2－14 所示。

表 2－14　直播间前景设置分析表

商品分类	分析
美妆	干净整洁，整齐分区（展示区、陈列区），可标注款式
箱包	可展示细节，也可站立展示、动态展示
服装	可展示细节，也可站立展示、动态展示

第三步：直播间装饰和陈列分析，如表 2－15 所示。

表 2－15　直播间装饰和陈列分析表

项目	分析
装饰原则	点缀衬托、色调统一
陈列布置	货架陈列、衣架陈列等合理合规

同步训练

任务描述：为了让工作室成功完成直播，请你对直播间背景进行设计并布置，简要分析直播间搭建要点并完成分析表（见表 2－16）。

表 2－16　直播间搭建要点分析表

项目	分析
直播间场景的选择	
直播间背景的设计	

续表

项目	分析
前景的布置	
点缀与陈列	

任务评价见表 2-17。

表 2-17　任务评价表

评价内容	分值	评价		
		自评	小组评价	教师评价
直播间背景	15			
直播间前景	35			
直播间装饰和陈列	50			
合计	100			

课后练习

一、填空题

1. 直播间布置中灯光器材的类别分别为________________。
2. 直播间布置中灯光的种类有________________。
3. 直播间中收音设备有________________。
4. 直播间中显示设备有________________。
5. 直播间装饰的原则是________________。

二、简答题

1. 在灯光布置中，主光源、测光源、逆光源、顶光源的位置分别在哪里？作用分别是什么？
2. 直播背景布置有哪些技巧？
3. 直播中的摄影器材有哪些？
4. 直播中的陈列物或装饰品有哪些？
5. 直播间选择绿幕背景有什么优点？

三、案例分析

案例 1

思考：请从灯光、商品陈列、其他装饰等方面分析图 2-34 所示直播间的布置。

图 2－34　直播间（1）

案例 2

思考：对比两个直播间（见图 2－34 和图 2－35），分析这两个直播间的陈列及布置特点，并谈谈这两个直播间分别适合直播销售哪类商品。

图 2－35　直播间（2）

四、拓展阅读

直播间的布置方法

直播间是用户最直接的视觉体验场所，如果直播间环境脏、乱、差，用户可能进入直播间之后看上一眼就会退出。因此，直播间要保持干净、整洁，在开播之前把各种商品、道具都摆放整齐，营造一个简洁、明亮、舒适的直播环境。

虽然直播间场景的搭建并没有统一的硬性标准，主播可以根据直播风格进行设计与布置，但作为电商直播间，商品营销是主要目的，所以最好用所销售的商品装饰直播间。例如，可以用摆满商品的货架作为背景，或使用品牌 Logo（标志）装饰直播间的背景，这样既显得直播背景干净整洁，又能增强品牌效应。另外，主播可以将实体店作为直播间，以突出直播的场景感。

下面根据直播内容主题，详细介绍如何搭建直播间场景。

1. 美妆类直播间场景布置

（1）直播间大小。一般情况下，美妆类直播间在 10 平方米左右即可。

（2）直播间背景墙。背景墙以浅色、纯色为主，也可以适当布置一些装饰品。当然，也可以根据主播形象或直播风格来进行调整。例如，如果主播的形象偏可爱甜美，直播背景可以为暖色，如粉色、紫色；如果主播的形象偏成熟稳重，则尽量以白色、灰色的背景为主。灰色是直播间最适合的背景色，不会过度曝光，视觉上也比较舒适，有利于突出妆容或商品的颜色。

（3）美妆展示柜。在展示柜上整齐有序地摆好要销售的商品，让人看上去美观、舒适，还有一定的吸引力。

（4）直播桌、椅子。准备桌面面积足够大的直播桌，便于主播试用、测试、摆放备播商品；考虑到美妆主播长时间直播，最好选择低靠背椅子增加主播的舒适度。

如果直播空间较大，为了避免直播间显得过于空旷，可以适当放置一些与直播主题相契合的装饰品，起到丰富直播背景的作用。

2. 服饰类直播间场景布置

（1）直播间大小。服饰类直播，一般选择 20 平方米左右的直播间，要有试衣服的空间。除了主播以外，还要配备展示模特、助理、客服等。

（2）衣架、衣柜。服饰类直播间必须要有衣架或衣柜，建议挂满当天直播所要销售的服装，突出放置主打商品。

（3）地面。直播间地面可以选择浅色系地毯或木色地板，地毯风格要与所售衣服的风格相搭配。为了便于展示服饰类、鞋靴类商品，可以搭设方台或圆台。

（4）墙面背景。墙面背景可根据商品类型做搭配，目的是提升直播间的层次感。

资料来源：直播间平面布置图方案，简单直播间怎么布置！（2021-12-08）［2022-01-22］. https://www.sumedu.com/faq/11459.html.

项目三

直播平台权限开通

情境介绍

学校的新媒体工作室新增了直播实训项目，工作室的老师给了王新一个新任务，让他为工作室的直播平台开通直播权限。因为王新还没有学习过相关课程，所以他需要从直播平台的分类和权限开通的流程开始学习。

学习目标

知识目标

1. 了解直播平台的分类。
2. 了解各类直播平台的直播规则及相关注意事项。
3. 掌握不同直播平台权限的开通流程。

技能目标

1. 能独立完成各直播平台直播权限的开通。
2. 掌握直播平台直播规则的综合运用。

思政目标

1. 树立诚实守信的价值观。
2. 培养遵纪守法的职业素养。

任务一 电商销售平台直播权限的开通

任务导入

工作室老师给王新布置的任务是在电商销售平台开通直播权限。电商销售平台有哪些？如何在这些平台开通直播权限？不同平台之间开通直播权限的要求有何区别？为了解开这些疑问，王新给自己制订了学习单（见表3-1），用以梳理所学知识。

表3-1 学习单

学习项目	关键词
了解直播平台分类	淘宝、京东、拼多多
掌握电商销售平台直播权限的开通方法	直播权限开通流程
了解电商销售平台的直播规则	直播规则

知识探究

随着直播行业的迅速发展，各类传统电商平台开始拓展直播领域。通过直播的形式，商家得到了更为直接的传播途径，消费者也在其中获得了更为逼真的卖场感受，直播让人、货、场三者合一，拉近了彼此的距离，无论是商家还是消费者，对直播的依赖度都在日益提升。

一、电商销售平台概述

电商销售平台以电商产品销售为主，淘宝、京东、拼多多等当前主流电商平台是主要的流量入口。其特点是，以平台店铺为依托，以卖场化的直播销售形式展现产品，产品直播销售量受店铺现有流量及头部主播影响较大。

在电商销售平台，淘宝直播占据主要市场。相关资料显示，2020年淘宝直播超过2 589万场，全年上架商品超过5 000万件，6月—12月，均客单价约为120元，成为行业领头羊。一些头部主播更是家喻户晓，成为直播领域的达人。

二、电商销售平台直播权限开通流程

（一）淘宝平台直播权限的开通流程

淘宝作为当前的直播主流平台，具有行业布局早、市场占有率高等特点。通过培育头部主播、更新直播玩法、丰富引流模式，淘宝已成为电商直播第一大平台，相关数据如图 3－1 所示。

	直播平台	月活(MAU)	平台调性
第一梯队	淘宝	69918万	商家、主播带货直播
	抖音	46918万	网红主播娱乐、带货
	快手	26853万	网红主播娱乐、带货

图 3－1　2020 年直播平台月活跃数据（第一梯队）

当前，淘宝直播权限必须通过“淘宝主播”App 申请开通，可以在 PC 端和手机端进入下载界面。

1. PC 端申请途径

步骤一：登录淘宝直播网址（https://taolive.taobao.com），点击”一键入驻”（见图 3－2）或右上角的“立即直播”—“成为主播”。

图 3－2　淘宝直播网页界面（1）

步骤二：按照网页指引下载淘宝直播电脑客户端，如图 3－3 所示。

图 3－3　淘宝直播网页界面（2）

2. 手机端申请途径

步骤一：在应用商店搜索“淘宝主播”App进行下载，如图3-4所示。

图3-4　淘宝主播App

步骤二：使用淘宝账号或支付宝账号登录“淘宝主播”App，如图3-5所示。

图3-5　淘宝主播App登录界面

步骤三：进入“淘宝主播”App界面后，点击上方“立即入驻，即可开启直播”按钮，如图3-6所示。

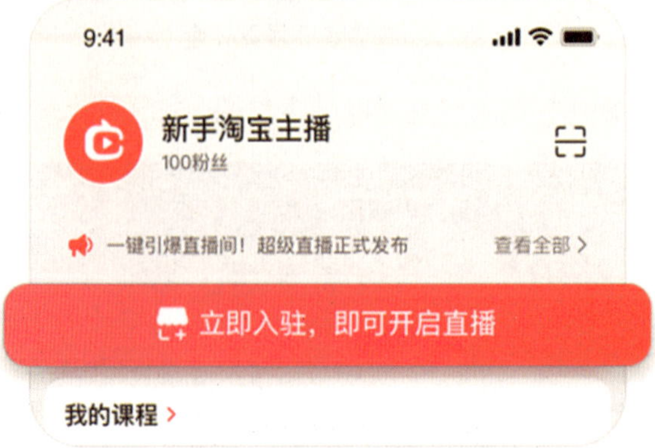

图3-6　淘宝主播App界面

步骤四：进入“淘宝主播”App实名认证界面，如图3－7所示。根据提示完成认证，同时点击界面下方的“同意以下协议”按钮，完成入驻。

图3－7　淘宝主播App实名认证界面

步骤五：点击首页下方红色按钮，进入直播间；点击下方“开始直播”按钮，开启直播，如图3－8所示。

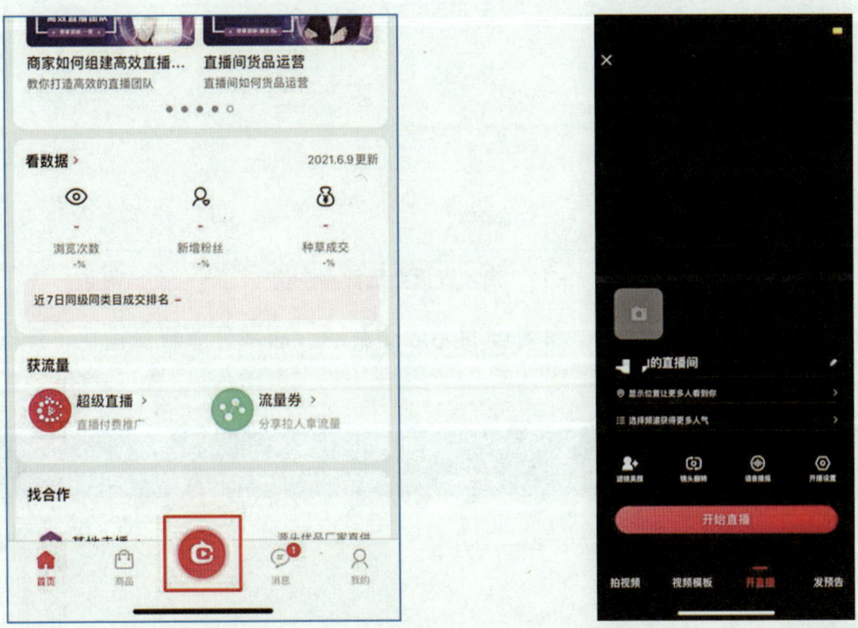

图3－8　淘宝直播App直播界面

开通直播后，若要查询直播的相关数据，可以在淘宝卖家中心进行查询。首先点击“卖家中心”，然后在“数据中心”模块点击“生意参谋”，如图3－9所示。

在“生意参谋”模块点击“直播”，在“直播间业绩表现”模块中进行数据查询，即可看到直播场次、观看人数、新增粉丝等数据，如图3－10所示。

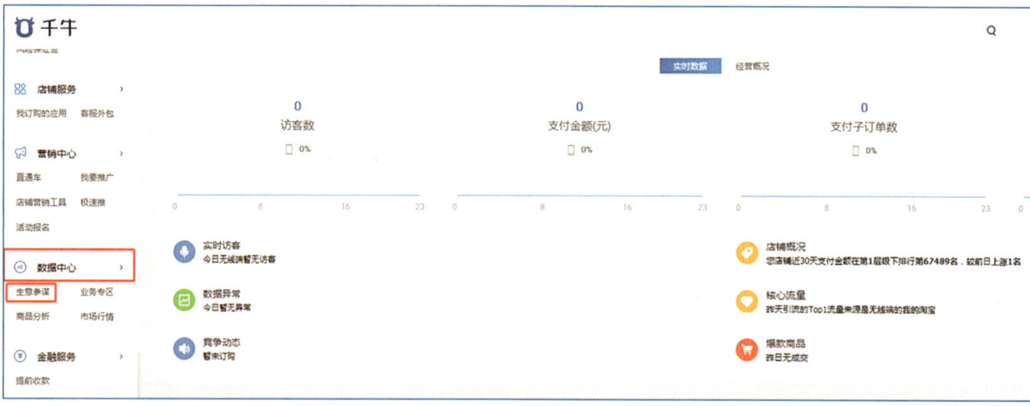

图 3－9　淘宝直播后台数据查询

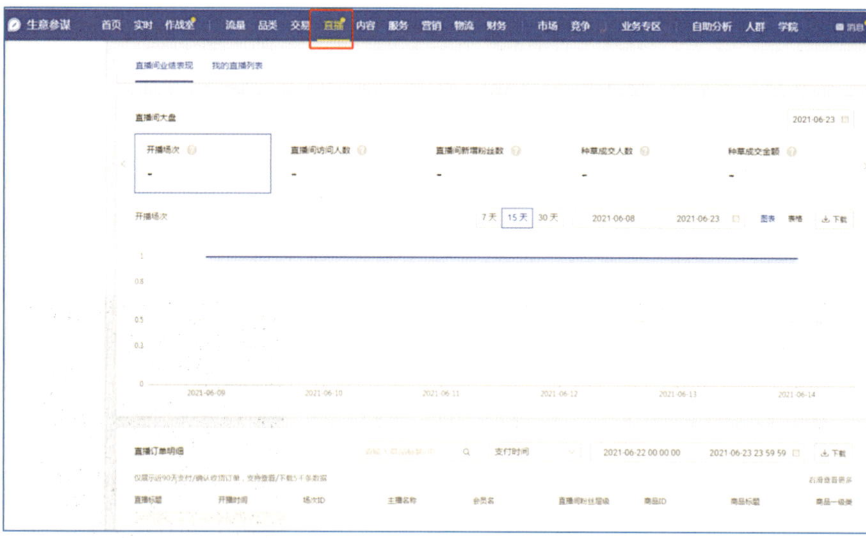

图 3－10　淘宝直播业绩数据查询

在“本店商品成交”模块中，可看到商品成交金额、店铺种草成交占比、新客人数等数据，如图 3－11 所示。

图 3－11　淘宝直播成交商品数据查询

（二）京东平台直播权限的开通流程

京东平台以高质量服务为基础，对商家用户开放全域流量，为商家搭建引流场景，构建达人生态系统，帮助商家和达人精准匹配用户，培育主播多元化发展模式。京东 2020 年直播平台月活跃数据，如图 3－12 所示。相较于其他平台而言，京东的直播权限开通门槛较高，暂只针对京东达人开通。

	直播平台	月活(MAU)	平台调性
第二梯队	微博	28860万	微博KOL、网红主播娱乐
	拼多多	25216万	商家店铺直播带货
	西瓜视频	14045万	达人直播带货
	京东	8781万	商家店铺，联合明星KOL带货
	小红书	5354万	分领域KOL、明星直播带货
	哔哩哔哩	4491万	UP主带货

图 3－12　2020 年直播平台月活跃数据（第二梯队）

步骤一：登录京东达人官网（https://dr.jd.com），进入京东内容开放平台登录界面（见图 3－13），使用已有的京东账号进行登录。

图 3－13　京东达人登录界面

步骤二：选择开通账号类型，如图 3－14 所示。

个人账号：适用于普通达人，需要录入身份证号等认证信息。

企业账号：适用于多人运营的企业账号，需要录入营业执照等认证信息。

机构账号：适用于京东认证的专业 MCN 机构，需要录入营业执照等认证信息。

步骤三：选择“个人”或其他类型进入实名认证界面，填写个人真实信息，认证完成后界面显示已实名，继续点击“下一步”，如图 3－15 所示。若选择企业账户，则需要填写机构名称、组织机构代码和机构确认函，并上传企业营业执照及确认函扫描件或照片。

步骤四：完善账号信息填写。发布者昵称需按规范要求设置，不得含有“旗舰店”“专营店”“JD”“频道名称”等官方性质的字样名称，填写前需仔细阅读《京东原创平台入驻协议》。填写完成后，点击“下一步”开通账号（如图 3－16 所示），京东官方将在 1 ～ 2 个工作日内审核完毕。

图 3-14　京东达人账号类型选择

图 3-15　京东达人实名认证界面

步骤五：京东达人账号开通后，进入“创作中心”—“渠道申请”—“京东直播”，点击“申请”按钮，申请直播权限，如图 3-17 所示。

步骤六：进入直播申请信息填写界面，按要求填写达人名称、申请理由，上传粉丝截图、自我介绍视频，完成后点击“申请”按钮，待官方审核通过后即可在达人内容创作板块开启直播互动，如图 3-18 所示。

在京东平台开通直播后，可通过京东内容开放平台进行后台数据查询。首先通过左侧菜单栏找到“数据分析”，点击“内容分析”，即可看到店铺整体数据情况，如图 3-19 所示。

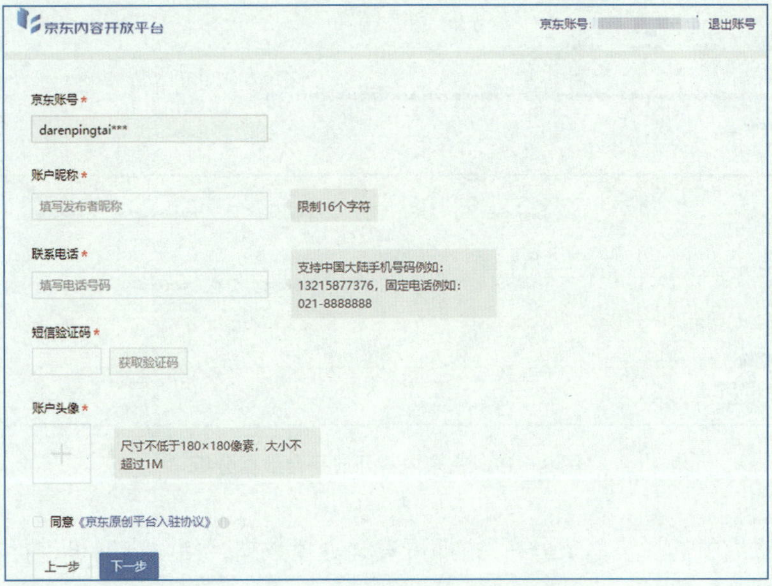

图 3-16　京东达人账号信息填写界面

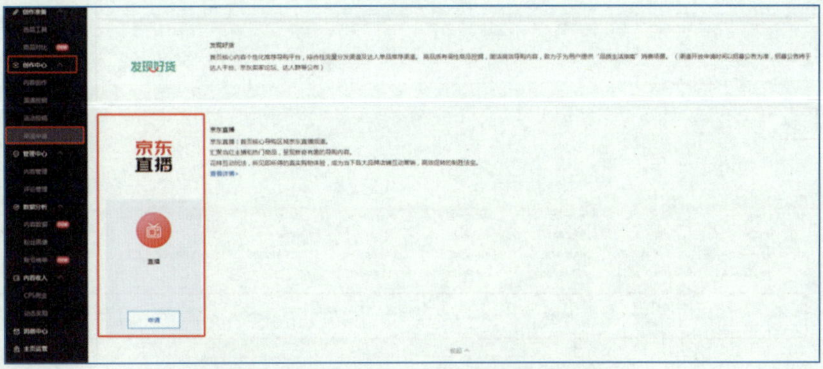

图 3-17　京东达人直播权限申请界面

图 3-18　京东达人直播申请信息填写界面

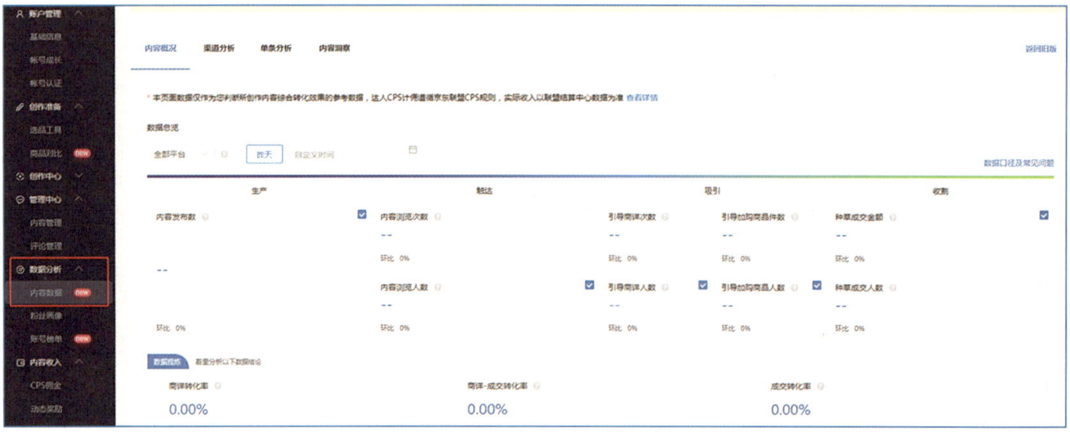

图 3-19　京东内容开放平台数据分析

在上方菜单中选择“单条分析”，即可查询直播数据，相关内容可进行自定义筛选，如图 3-20 所示。

图 3-20　京东内容开放平台直播数据查询

(三) 拼多多平台的直播权限开通流程

拼多多平台直播权限开通具有流程简单、门槛较低、直播引流玩法多等特点，可分别从 PC 端及手机端进行权限开通，但需要注意的是，PC 端开通直播权限必须提前在手机端完成实名认证。

1. 手机端申请途径

步骤一：打开拼多多 App，在首页下方点击“直播”，进入直播频道，如图 3-21 所示。

图 3－21　拼多多首页界面

步骤二：进入直播频道后，点击右上角“＋”号按钮，如图 3－22 所示。

图 3－22　拼多多直播频道界面

步骤三：在直播界面，按要求上传封面，点击“开始直播”按钮，如图 3－23 所示。

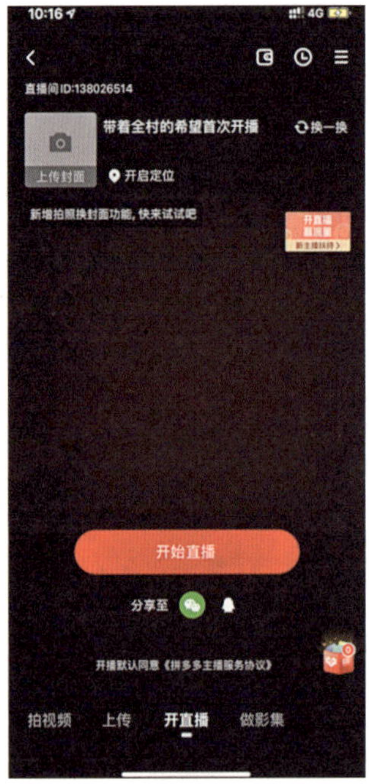

图 3－23　拼多多直播界面

步骤四：进行实名认证环节，点击“马上认证”按钮，按要求填写真实姓名、身份证号，并进行人脸识别，如图 3－24 所示。认证成功后即可回到上一步操作，点击“开始直播”按钮开启直播。

图 3－24　拼多多直播实名认证界面

2. PC 端申请途径

步骤一：登录多多直播官网（https://live.pinduoduo.com），选择登录身份，普通用户可以选择“我是达人”进行登录，如图 3－25 所示。

图 3－25　拼多多直播登录界面

步骤二：成功登录后，按要求上传直播封面，填写直播标题，然后点击“创建直播”按钮（见图 3－26），在此之前必须在手机端进行实名认证，方可开启直播。

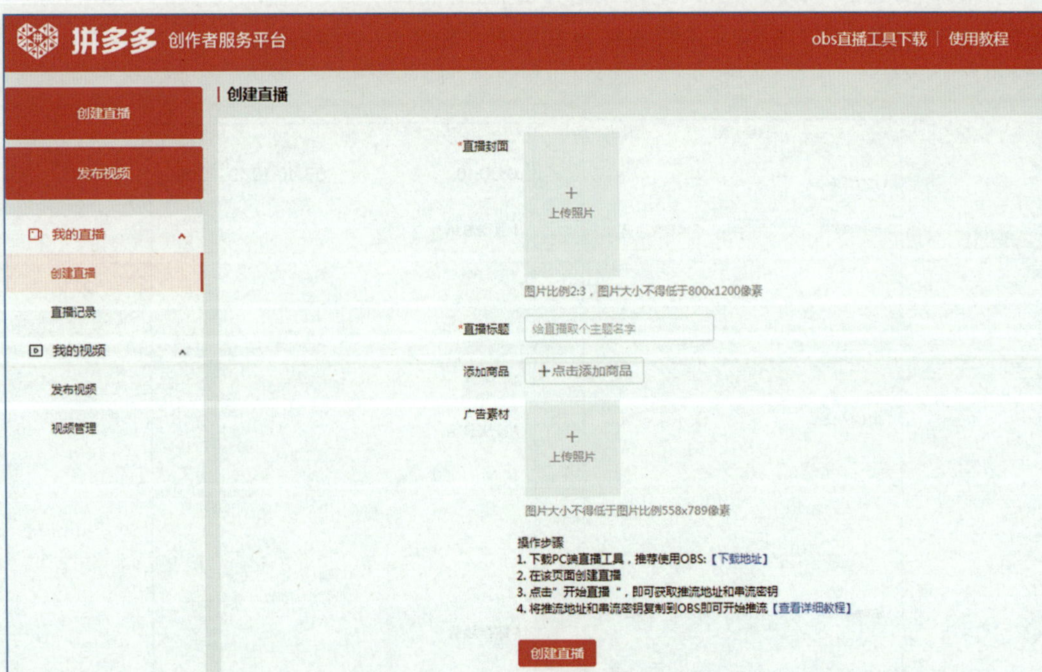

图 3－26　拼多多创建直播界面

拼多多直播数据可在手机端直接查看，点击直播界面右上角圆形小图标，进入直播记录展示界面，如图 3－27 所示。

图 3-27　拼多多直播记录展示界面

点击需要查看的直播场次，进入数据分析界面。若单场成交金额大于 1 万元，可点击右上角的“生成战报”按钮，进行清晰数据展示，如图 3-28 所示。

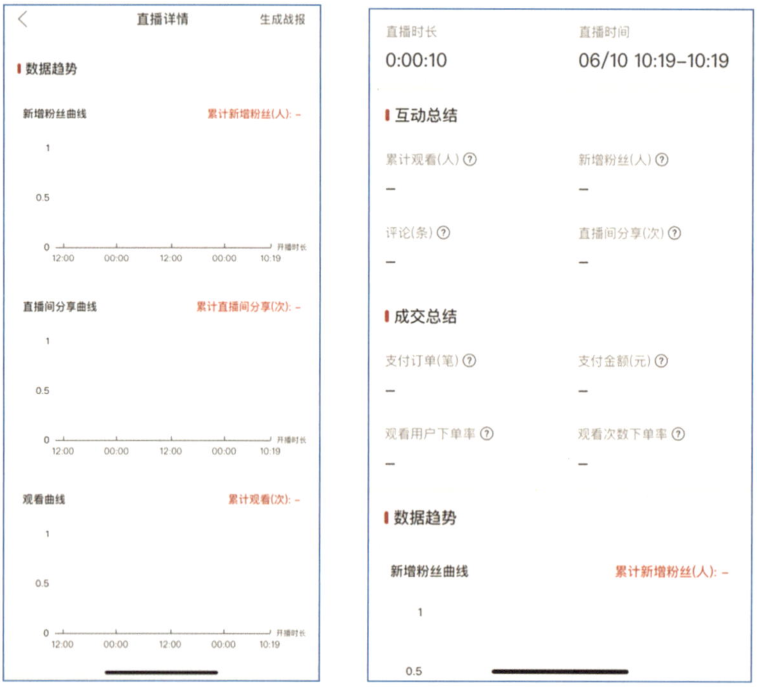

图 3-28　拼多多直播数据查询界面

任务实施

通过学习，王新对电商销售平台直播权限开通的流程有了初步的了解，为了将理论学习和实践相结合，王新决定以拼多多平台为例，进行直播权限的开通申请。

第一步：下载拼多多 App。

第二步：梳理开通流程，如表 3-2 所示。

表 3-2　流程表

项目	流程事项
软件安装	在应用商店下载软件
开通权限	上传封面，实名认证，阅读平台直播规则
开始直播	进入直播间开始直播

同步训练

为了巩固电商销售平台的直播权限开通流程的相关操作，请你对不同平台的直播规则及平台特点进行分析，并填写分析表（见表 3-3）。

表 3-3　直播平台分析表

项目	平台特点分析	直播规则分析
淘宝平台		
京东平台		
拼多多平台		

任务评价见表 3-4。

表 3-4　任务评价表

评价内容	分值	评价		
		自评	小组评价	教师评价
平台直播权限开通	40			
分析平台直播优势、特点	30			
分析各平台直播规则异同	30			
合计	100			

任务二 自媒体平台直播权限的开通

任务导入

王新通过学习电商销售平台直播权限开通流程，对该类平台的直播权限开通方法有了一定的了解。接下来，王新为自己制订了学习单（见表 3 - 5），用以梳理在自媒体平台开通直播权限等相关知识。

表 3 - 5　学习单

学习项目	关键词
自媒体平台直播权限开通流程	抖音直播权限开通流程
自媒体平台直播规则	抖音直播规则

知识探究

随着信息技术的不断发展，自媒体应运而生。自媒体平台以生产内容为主，包括短视频、游戏、美食等泛娱乐社交及相关专业领域的知识传播。

一、自媒体平台概述

自媒体平台对产品品牌、店铺流量等依赖性较低，主要通过生产内容与平台店铺或第三方电商平台店铺进行关联布局，具有以呈现内容为主、直播带货为辅的特点。

2019 年国内手机应用使用时长占比的统计数据显示，短视频、网络直播等应用占比近 30%，而这一数据在此后依旧呈上升趋势。其中，以抖音、快手、微信视频等自媒体 App 为主。根据 2020 年数据，抖音平台在该年前两个季度共开展直播 5 531 万场，场均客单价约为 100 元。

二、自媒体平台直播权限开通流程

(一) 抖音平台的直播权限开通流程

抖音作为当前自媒体主流短视频平台，在 2020 年 9 月，其日活跃用户已经超过 6 亿 (包含抖音主站、极速版、火山版三个入口)，2021 年一季度，平均日活跃用户超过 6 亿，峰值约 7 亿。抖音主站人均使用时长超 120 分钟，显然，抖音已成为当前直播、短视频等自媒体用户的主战场。自媒体梯队分布，如图 3－29 所示。

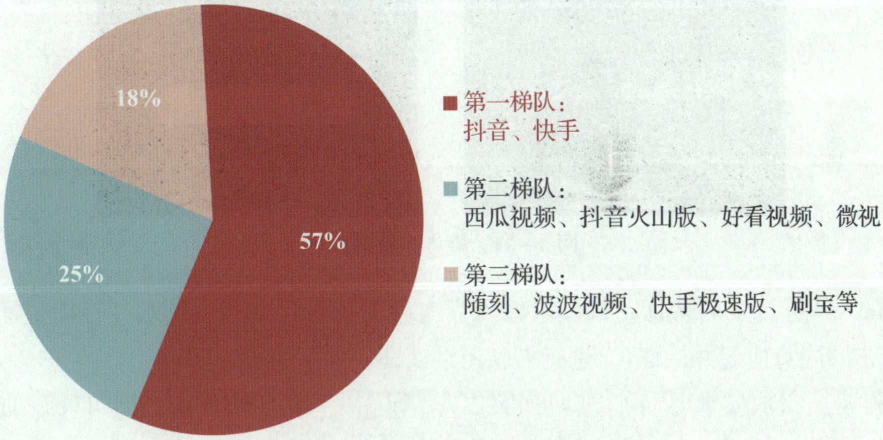

图 3－29　自媒体梯队分布

步骤一：下载抖音 App 并登录，如图 3－30 所示。

图 3－30　抖音下载界面

步骤二：进入抖音 App，点击下方的“＋”号按钮，在新的界面选择下方“开直播”板块，点击“开始视频直播”按钮，如图 3－31 所示。

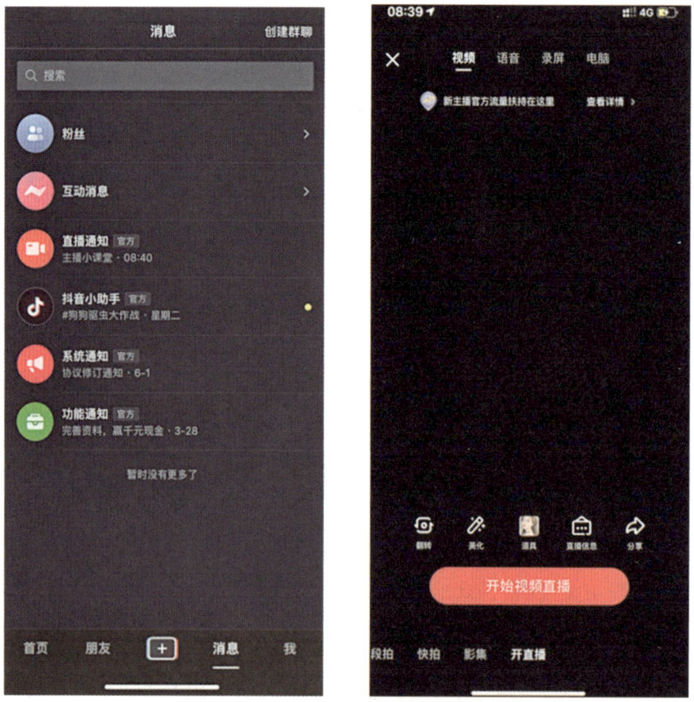

图 3-31　抖音开直播界面

步骤三：进行实名认证，按要求输入真实姓名及身份证号，阅读《直播主播入驻协议》，点击“同意协议并认证”，进行人脸识别认证，如图 3-32 所示。

步骤四：完成实名认证后，回到第二步，点击开始视频直播，即可开始直播，如图 3-33 所示。

图 3-32　抖音实名认证界面

图 3-33　抖音直播界面

抖音直播数据可在每场直播结束后进行查看。进入直播结束界面，可查看观看粉丝、新增粉丝、点赞次数、观众人数等基本数据信息，点击“更多数据”，可查询详细数据分析，如图 3-34 所示。

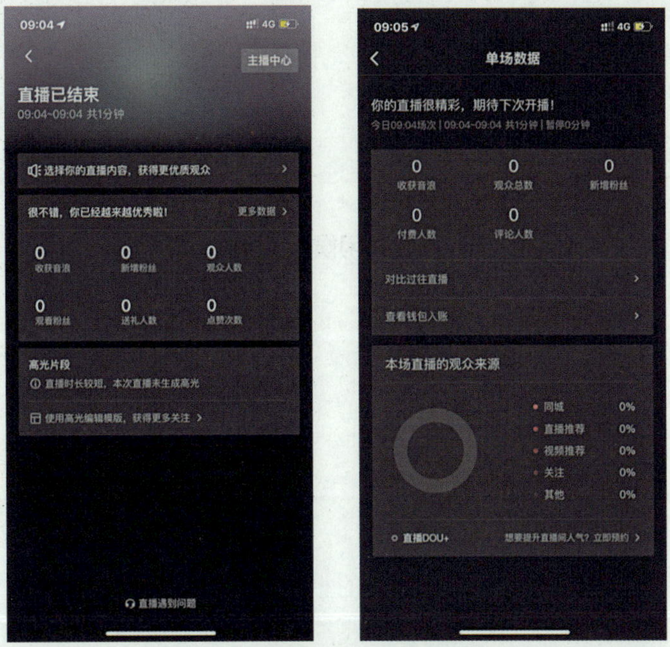

图 3-34 抖音直播数据查看界面（1）

点击“对比过往直播”，可与此前开播的直播场次进行数据对比分析，该界面包括“数据总览”和“场次数据”两个模块，如图 3-35 所示。

图 3-35 抖音直播数据查看界面（2）

（二）快手平台的直播权限开通流程

快手平台2021年平均日活跃用户2.6亿，人均使用时长90分钟，虽然数据不及抖音，但依旧是当前主流的短视频自媒体平台。快手主播主攻下沉市场，聚焦三四线城市，满足其不断改善生活品质的需求，在直播领域培植出一批明星主播。快手直播权限的开通流程与抖音平台类似。

步骤一：下载快手App，并登录，如图3-36所示。

图3-36　快手App下载界面

步骤二：在快手App界面点击正下方的相机图标按钮，在新的界面选择下方的“开直播”板块上有视频、语音、聊天室、游戏等不同类别的直播模式，以视频为例，点击“开始视频直播”按钮，如图3-37所示。

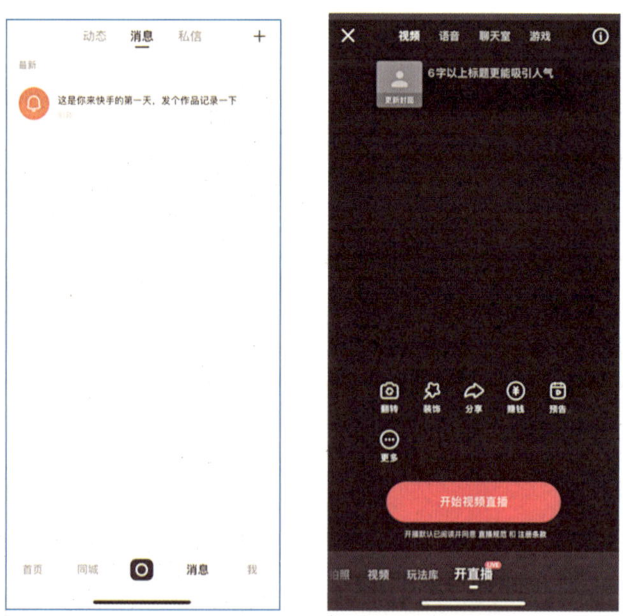

图3-37　快手开直播界面

步骤三：进行实名认证，按要求输入真实姓名及身份证号，进行人脸识别认证，如图3-38所示。

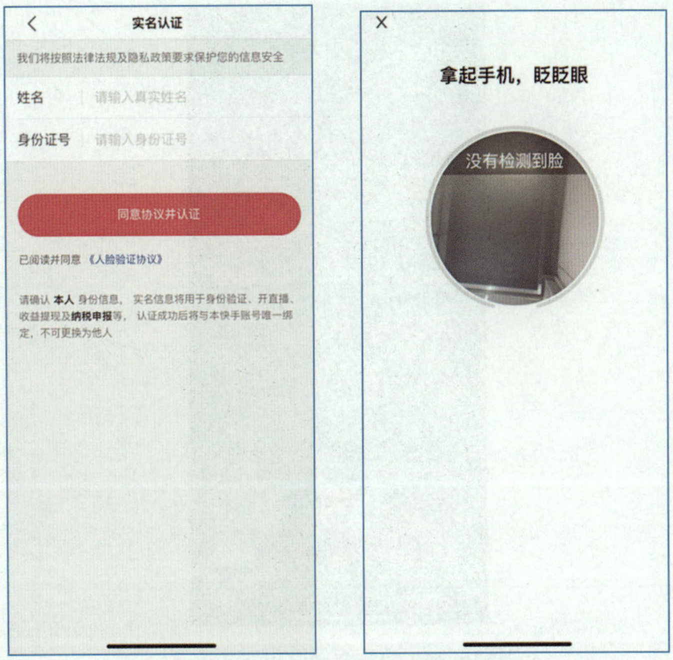

图 3-38　快手实名认证界面

步骤四：完成实名认证后，回到第二步，点击“开始视频直播”，即可开始直播，如图 3-39 所示。

图 3-39　快手直播界面

快手直播数据同样是在每场直播结束后进行查看。进入直播结束界面，可查看观看人数、新增粉丝、点赞次数等基本数据信息，如图 3-40 所示。

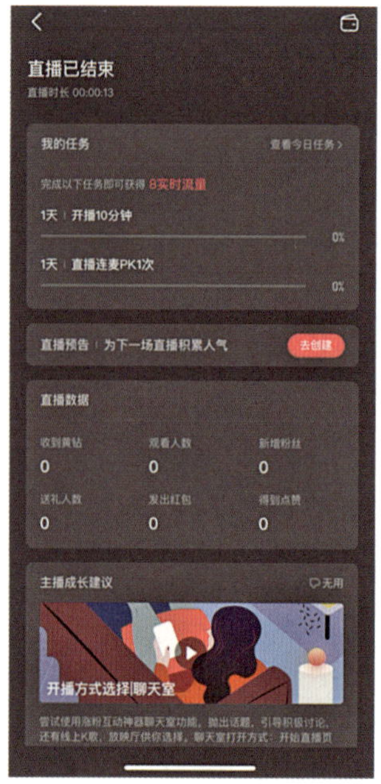

图 3-40　快手直播数据查看界面

（三）微信平台的直播权限开通流程

微信凭借自身在社交应用中独占鳌头的用户基数进入直播领域，不仅拥有用户基础，同时依托微信支付，实现全流程快捷“无感”支付，可见微信平台作为直播的后起之秀，优势十分明显。接下来，我们就来看看微信直播权限是如何开通的。

步骤一：通过微信搜索关注“腾讯直播助手”公众号，点击下方“开通直播”按钮，如图 3-41 所示。

图 3-41　腾讯直播助手公众号界面

步骤二：根据公众号的指引，下载腾讯直播 App，如图 3－42 所示。

图 3－42　腾讯直播 App 下载界面

步骤三：使用微信账号登录腾讯直播 App，点击下方的绿色按钮，直播前进行实名认证，如图 3－43 所示。

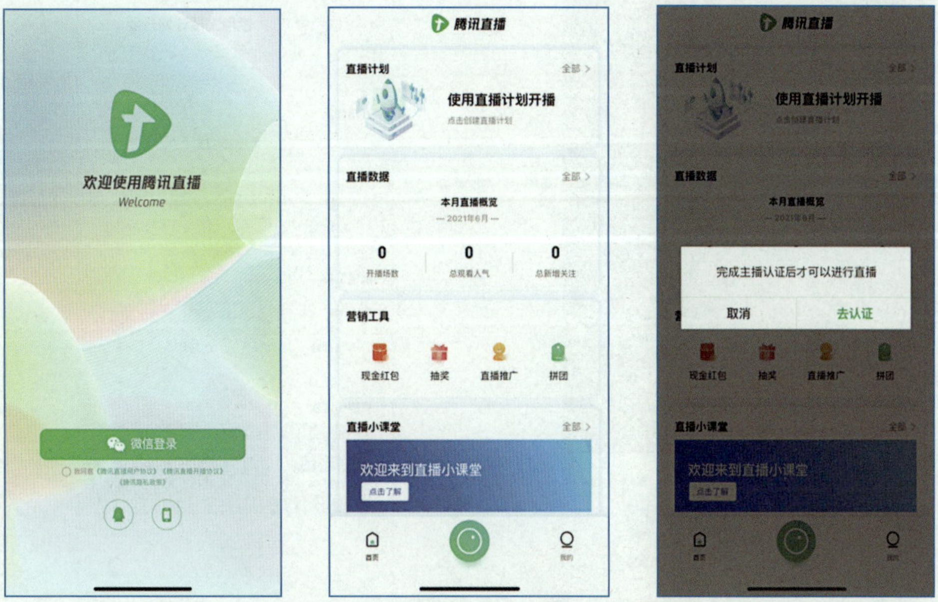

图 3－43　腾讯直播 App 登录与认证界面

步骤四：输入真实姓名及身份证号码后，进行人脸识别认证，如图 3－44 所示。

图 3－44　腾讯直播实名认证界面

步骤五：完成实名认证后回到首页界面，点击下方绿色按钮，选择直播模式，开启直播，如图 3－45 所示。

腾讯直播数据的查询比较直观，可以在首页点击“直播数据”，即可直接进入数据查询界面，如图 3－46 所示。

图 3－45　腾讯直播界面

图 3－46　腾讯直播数据查询界面（1）

此外，还可以通过页面右下角“我的”按钮进入个人中心，点击“直播记录”，分析每一场直播的相关数据，如图 3-47 所示。

图 3-47　腾讯直播数据查询界面（2）

任务实施

通过对自媒体平台直播权限开通流程的学习，王新对权限开通的流程有了新的认识。为了将理论学习和实践相结合，王新决定以抖音平台为例，进行直播权限的开通申请。

第一步：下载抖音 App。

第二步：梳理开通流程（见表 3-6）。

表 3-6　流程表

项目	流程事项
软件安装	应用商店下载
开通权限	实名认证，阅读平台直播规则
开始直播	进入直播间开始直播

同步训练

任务描述：为了熟悉自媒体平台的直播权限开通流程，请你对不同自媒体平台的直播规则及平台特点进行分析。

平台及直播规则分析见表 3-7。

表 3-7 平台及直播规则分析

平台	平台特点分析	直播规则分析
抖音平台		
快手平台		
微信平台		

任务评价见表 3-8。

表 3-8 评价表

评价内容	分值	评价		
		自评	小组评价	教师评价
平台直播权限开通	40			
分析平台直播优势、特点	30			
分析各平台直播规则异同	30			
合计	100			

项目小结

学生通过学习，全面了解了直播平台分类，了解了电商销售平台与自媒体平台在直播权限开通过程中的异同之处。整个项目的内容不仅仅局限于直播权限的开通，同时通过平台类型的分析讲解，以及平台规则的特点分析，帮助学生在学习过程中找到符合自身特点和实训项目要求的直播平台进行直播权限的开通。此外，通过平台规则的讲解，让学生在直播过程中时刻做到诚实守信、遵纪守法，树立正确的价值观，培育良好的职业素养。

课后练习

一、填空题

1. 直播平台可分为________________两大类平台。
2. 淘宝直播需下载________进行申请开通。
3. 京东直播仅针对________进行开放。
4. 直播平台开通直播权限的过程都涉及________环节。
5. 抖音平台的直播引流建立在________的基础上。

二、简答题

1. 绘制淘宝平台直播权限开通流程图。
2. 绘制抖音平台直播权限开通流程图。
3. 梳理自媒体平台直播权限开通的异同点。
4. 淘宝主播入驻的基本条件是什么？
5. 简述你对各直播平台直播规则的理解与看法。

三、案例分析

案例 1

某直播间卖“假燕窝”翻车，王海现身说法

直播带货“翻车”常有，被称为“快手一哥”的某主播最近也摊上事了。

近日，某直播间售卖的一款“小金碗碗装燕窝冰糖即食燕窝”被消费者质疑是“假货”，随着职业打假人王海的一纸报告，“糖水燕窝”被推上舆论高峰。

检测报告显示，这款燕窝蔗糖含量为 4.8%，碳水化合物为 5%，唾液酸含量为 14‰，且不含蛋白质和氨基酸。

王海发文称，该款即食燕窝是风味饮料不是燕窝，风味饮料属于不符合食品安全标准的食品，消费者可要求退一赔十。王海还指出，若进价 4.2 元，忽悠消费者说赔钱卖、贴钱卖便属于欺诈行为。

随着事件持续发酵，有观点认为燕窝本就是“智商税”，在哪买都一样；也有消费者表示某直播间应与商家一起承担责任；还有网友称直播间购物有风险，需保持谨慎。

资料来源：兰烁 . 辛巴直播间翻车，王海现身说法：从事打假 25 年，这种事一定要说出来 .（2020-11-22）[2021-06-15]. http://www.time-weekly.com/post/275748.

案例 2

某“假燕窝”事件处理结果来了！

微信公众号广州市场监管消息，“某直播带货即食燕窝”事件引起社会关注，广州市场监管部门第一时间介入，依法依规对相关当事人进行立案调查。

现将调查处理情况通报如下：

关于广州和翊电子商务有限公司的调查处理情况

广州和翊电子商务有限公司（以下简称“和翊公司”）作为涉事直播间的开办者，受商品品牌方广州融昱贸易有限公司（以下简称“融昱公司”）委托，于 2020 年 9 月 17 日、10 月 25 日，安排主播“时大漂亮”通过快手直播平台推广商品“茗挚碗装风味即食燕窝”。在直播带货过程中，主播仅凭融昱公司提供的“卖点卡”等内容，加上对商品的个人理解，即对商品进行直播推广，强调商品的燕窝含量足、功效好，未提及商品的真实属性为风味饮料，存在引人误解的商业宣传行为，其行为违反了《中华人民共和国反不正

当竞争法》第八条第一款的规定。

根据《中华人民共和国反不正当竞争法》的规定，市场监管部门拟对其作出责令停止违法行为、罚款90万元的行政处罚。

关于广州融昱贸易有限公司的调查处理情况

经调查，和翊公司直播期间投放的商品购买链接，是融昱公司在天猫平台开设的“茗挚旗舰店”，消费者点击上述链接可直接进入该网店购买涉案商品，收款和发货等行为均由融昱公司实施。据此，市场监管部门认定涉案商品的销售主体是融昱公司。

融昱公司为和翊公司直播活动提供的“卖点卡”，以及在天猫“茗挚旗舰店”网店发布的内容，均存在引人误解的商业宣传行为，其行为违反了《中华人民共和国反不正当竞争法》第八条第一款的规定。

经涉案商品产地的市场监管部门抽检，融昱公司销售的“茗挚碗装风味即食燕窝”的13个项目，符合GB 2760-2014、Q/DZXY 0010S-2020、GB 14880-2012要求，但该商品标签存在瑕疵。

根据《中华人民共和国反不正当竞争法》等规定，市场监管部门拟对其作出责令停止违法行为、罚款200万元的行政处罚。

下一步，广州市市场监督管理局将坚持依法行政，严厉打击网络直播营销活动中的违法行为，切实保护消费者合法权益。同时，我局也将会同有关部门规范网络直播营销活动，引导行业自律，促进网络直播营销行业健康有序发展。

资料来源：程鹏. 辛巴“假燕窝”事件处理结果来了.（2020-12-23）[2021-06-15]. http://www.nbd.com.cn/articles/2020-12-23/1579155.html.

案例3

“直播带货”要靠质量说话

鄂尔多斯市准格尔旗网红“小甜瓜”直播带货卖甜瓜，一天销售6万斤；内蒙古高原杏仁露有限公司董事长线上当网红，杏仁露走进直播间……受疫情影响，越来越多的传统商家向线上转型发展的意愿强烈，让“直播带货”成为消费热词。

随着互联网的快速发展，走进直播间为地方农产品“代言”的直播经济，正在成为经济生活中的新亮点。以准格尔旗为例，十二连城乡三十顷地村的香瓜产能约700万斤，受疫情影响，一度滞销，导致香瓜价格大幅下降。经过当地艺人吕某在快手直播后，仅5月3日一天销售6万多斤，有效拓宽了十二连城乡三十顷地村香瓜销路，稳定了香瓜销售价格。可见，“直播带货”弥合了市场供需间出现的脱节和断裂，为十二连城乡的香瓜走向全国铺设了一条快车道。

应当看到，“直播带货”互动性、亲和力、消费黏性强，它利用移动互联网的技术优势，打破了地理和区域的阻隔，零距离连接供需双方，增加农产品的曝光率，既可以解决销路问题，也能够让农民增收。

不过，要真正实现“靠直播吃饭”，还得靠品质说话。直播带货不是“一锤子买卖”。这就要求直播平台要始终把消费者利益放在第一位；相关部门要对直播售卖的产品建立严格的准入制度，并且要严厉打击各类违法违规行为，加强对主播群体的规范管理。

随着信息技术支撑日渐完善，“直播带货”正在步入发展快轨。呵护好、规范好、发展好这一新生事物，才能让“直播带货”更好地助力农业增效与农民增收。

资料来源：崔晓英．“直播带货”要靠质量说话．(2020-05-14)[2021-06-15]．http://www.northnews.cn/p/1852452.html.

案例 4

市场监管总局：直播带货平台要迅速检查产品质量

为提高直播带货产品供给质量，保护消费者权益，维护直播带货市场公平竞争秩序，促进直播经济规范健康发展，更好服务扩大国内市场，市场监管总局对提升直播带货平台产品质量组织开展了行政指导。

市场监管总局表示，直播带货作为互联网经济的一种新业态，对活跃市场、促进消费、方便人民群众生活起到了积极的作用。但在发展中也存在着产品质量不过关、虚假宣传、售后服务差、消费者权益得不到切实保障等广大人民群众反映强烈的突出问题。

行政指导会上，市场监管总局对直播带货平台提出六点要求。一要提高质量意识，筑牢直播经济持续健康和高质量发展的基础；二要做学法守法模范，落实产品质量法、标准化法、消费者权益保护法、电子商务法等法律法规要求，切实增强守法合规的自觉性，依法依规规范发展；三要立行立改，各直播带货平台要迅速对直播带货产品质量进行自我对照和全面检查，对有质量问题的产品和带货主播，要第一时间进行处置，同时要举一反三，防范其他质量问题发生；四要争创“品质直播”，围绕强化平台内部产品质量管控，建章立制，并发挥信用的惩戒力和约束力，努力为消费者提供高品质产品和服务；五要建立消费投诉“绿色通道”，及时回应处理消费者投诉举报；六要积极配合相关政府部门做好产品质量监管工作。

会上，相关直播带货平台还发布了网络直播商品质量保障自律承诺，提出了保障直播商品质量、积极依法履行直播带货平台责任、规范商品营销宣传、完善直播交易售后保障机制等自律措施，自觉接受政府部门和社会监督。

资料来源：陈锐海．市场监管总局：直播带货平台要迅速检查产品质量．(2021-03-16)[2021-06-15]．https://baijiahao.baidu.com/s?id=1694387889170769539&wfr=spider&for=pc.

思考：

1. 根据案例 1、案例 2 谈一谈你对直播带货过程中涉及的售假行为的看法。
2. 根据案例 3、案例 4 谈一谈如何避免电商直播从业人员直播售假行为。

四、拓展阅读

主流平台直播权限开通规则对比

直播平台越来越多，但并非每个平台都需要开通直播账号，应该根据平台受众，结合自身特点，进行双向匹配选择。只有选择适合自己的平台，才能获得直播带来的最大红利。接下来，就来看一看各大平台之间的直播规则对比。

1. 淘宝平台

主播准入要求：达人账户需保持正常状态；账号名称、头像等需符合国家法律法规；完成实名认证；完成支付宝个人实名认证；具备主播的素质和技能等。

浮现权为淘宝平台给予主播进行内容优先展示的权利，需满足以下条件：主播成长等级达到二级；保持稳定的开播频次，持续推广优质商品，持续生成优质内容。

违规类型：A 类违规，指一般违规行为，包括除推广假冒商品行为和严重违规行为外的违规行为；B 类违规，指严重违规行为，包括除推广假冒商品行为外，其他严重破坏平台运营秩序或涉嫌违反国家法律规定的行为；C 类违规，指推广假冒商品行为。

限制推广商品：淘宝平台针对网络游戏点卡、手机号码、游戏装备、处方药等商品进行限制推广，具体目录可登录官网下载平台规则进行阅览。

淘宝直播规则可通过“淘宝直播”App 的“消息”界面进行查询。点击“直播客服”，进入阿里万象面板，点击下方“淘宝直播规则早知道”，即可观看相关直播规则（见图 3－48）。

图 3－48　淘宝直播规则查询界面

2. 拼多多平台

主播要求：主播言行、举止、着装有明确规定，严禁男女主播穿着裸露，严禁穿情趣内衣，严禁穿着带有中华人民共和国字样的工作制服进行直播；禁止宣传非本平台的链接，不得发布不实消息，包括但不限于捏造细节、夸大事实、虚假中奖信息；避免出现抽烟、喝酒、耍酒疯、酣睡醉态等容易引起观众不适的行为。

规则特点：拼多多直播针对用户获取有系统性优惠政策。如直播首秀若能邀请三位好友进行团购，即能获得五折优惠券。

拼多多平台的规则查看：在直播记录界面点击右上角的“规则中心”即可查看（见图 3－49）。

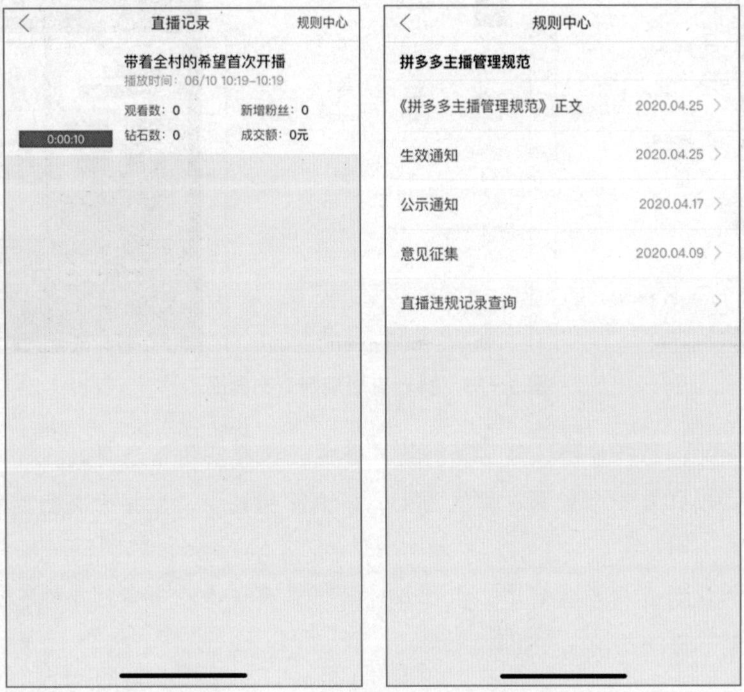

图 3－49　拼多多直播规则查询界面

3. 抖音平台

主播要求：直播过程中，不能出现赌博、涉黄、抽烟、传播不良信息的词汇；不能和粉丝对骂，说脏话；直播卖货的时候要注意语言的合理性，不能夸大宣传所卖的商品，介绍要符合商品自身情况；着装要得体。

规则特点：以内容输出为核心，通过短视频内容进行引流，促进直播带货。抖音平台针对高质量内容创作者进行大力度扶持。

抖音平台的规则查看：首先点击右下角进入“我”的界面，然后点击右上角图标，找到“创作者服务中心”，点击进入，在“我的直播”模块点击“直播攻略”，即可查看抖音为主播准备的相关规范及攻略视频（见图 3－50）。

4. 快手平台

主播要求：遵守我国有关的法律和法规；不得因为任何非法目的而使用直播服务；遵守所有与网络服务、直播服务有关的协议、规定和程序；不得利用直播服务系统进行任何可能对互联网的正常运转造成不利影响的行为；不得利用直播服务传输任何骚扰性的、中伤

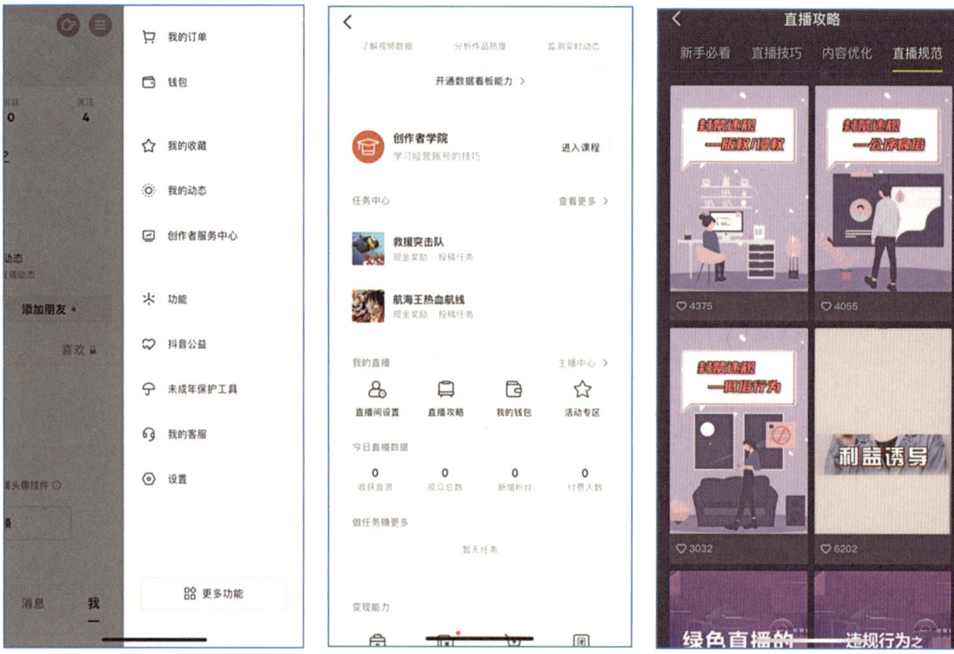

图 3－50　抖音直播规则查询界面

他人的、辱骂性的、恐吓性的、庸俗淫秽的或其他任何非法的信息资料。

规则特点：以打赏与带货两种模式为主，用户限制较少，主播可将粉丝进行微信、微博私有化转化。

快手平台的规则查询相对简单，在“开直播”界面点击右上角的小图标，即可进入快手社区规则讲解界面（见图 3－51）。

图 3－51　快手直播规则查询界面

项目四

直播营销策略

情境介绍

经过一段时间的学习，王新在直播工作室的工作做得越来越顺手。工作室的老师让他进一步了解直播营销的策略及如何使用这些策略，以为后续直播工作的顺利开展做好准备。

学习目标

知识目标

1. 了解人群分析内容。
2. 理解消费者分析、痛点分析、卖点分析的内容。
3. 理解高客单价、低客单价的优缺点。
4. 掌握后台营销工具的使用。

技能目标

1. 学会查找知识点并培养总结归纳的能力。
2. 运用所学知识进行消费者、卖点、痛点分析。
3. 正确设置优惠券和秒杀活动。

思政目标

1. 正确认识直播营销，做文明营销人。
2. 培养团队合作能力。
3. 培养正确的直播营销观念。

任务一 人群分析

任务导入

根据工作室老师安排的任务，王新给自己布置了学习直播营销策略的人群分析任务，并制订了学习单（见表 4-1）。

表 4-1 学习单

学习项目	关键词
消费者分析	年龄、性别、职业、地域、消费层级、生活圈子、爱好
痛点分析	需求点
卖点分析	产品优点、优势、独特点

知识探究

直播营销的核心是为了实现更多的订单，为了能够卖出更多的产品，商家需要在直播营销策略方面进行研究。直播营销策略人群分析主要包括消费者分析、痛点分析、卖点分析。

一、消费者分析

消费者即买家，想要在直播间带货成功，首先需要做的是对自己的目标客户（买家）有个细致的了解。一般来说，男性喜爱数码，女性喜爱美妆，年轻人爱时尚，年纪大重保养。不同性别、不同年龄层都会影响直播间的带货量。

（一）性别

女性在购物时具有一定的偏情性特点，所以卖给她们的商品要有闪光点，比如高颜值、趣味性等。男性购物则具有一定的偏理性特点，很多时候是按照需求进行消费，所以给他们推荐商品时要讲逻辑、讲性价比。比如销售一件风衣，对于女性消费者来说，商家需要从风衣的颜值上来考虑，即从女性穿起来要显得立落、修身、显瘦等方面来推销；而对于男性消费者来说，商家则应该从风衣的实用性和性价比方面进行推销。

（二）年龄

对于学生来说，消费能力不高，但是喜欢新颖的小玩意儿；对于职场人士来说，大多有稳定的收入，消费水平比较高，更注重身体健康。如果直播间的商品有小风扇和经络枪，那么学生可能对小风扇更感兴趣，而职场人士则更可能购买经络枪。

（三）地域

由于地域的不同，人们的生活习惯也不同，所以在选择商品时就会有差异。如有的地区的消费者喜欢清淡口味的食物，有的则喜欢重口味的食物；有的地区的消费者喜欢吃海鲜，有的则喜欢吃牛羊肉。主播要根据消费者的地域差异，挑选适合其偏好的商品。例如卖小龙虾调料的直播间中，香辣味的小龙虾调料会更吸引湖南、四川的消费者，而广东的消费者则更喜欢蒜蓉味的小龙虾调料。

（四）职业

职业差异在某种程度上影响着个体的收入水平，也影响着消费者的消费层次和消费意向。比如蓝领工人倾向于购买结实耐用的衣服；公司白领因职业需求，大多会购买职业装；运动员则以运动装备为主。

（五）消费层级

消费层级对消费者的购物行为也有着一定程度的影响。

第一层级的消费者：追求商品的象征性和自我地位性，价格心理和实惠心理淡薄，求新、求特心理突出。高档消费是第一层级消费者的消费特点，如高档别墅、名牌汽车、高档时装、名牌商品、豪华酒店饭店、房地产、股票、名贵珠宝等是这个层级所消费的标识。

第二层级的消费者：追求消费个性化，具有前卫的消费观念，高档名牌产品是其消费目标。这个层级的消费者注重商品的品牌、消费的品位；讲究吃得精细、穿得时尚，偏爱高品位商品。

第三层级的消费者：按照自己的心理倾向进行消费，偏向于品牌型消费、个性化消费，以及简单快捷的消费，看重生活质量，注重省事和高效的商品。

第四层级的消费者：属于谨慎型消费者，偏向经济实惠型消费，他们对商品价格比较敏感，追求物美价廉的商品。

（六）生活圈子

所谓“物以类聚，人以群分”，生活圈子对消费者群体购物影响很大。生活圈子在消费过程中所起的作用包括得到某种身份认同，寻找到相同爱好，分享自己的消费兴趣点，分享自己的购物心得体会，建立起消费信任。

以“95 后”为例，他们购物时对测评网站、主播、大 V 等有较强依赖。通过对“95 后”调研显示，“95 后”在获取购物信息时，更加依赖朋友推荐和用户评价，85.36% 的人需要借鉴意愿才购买；58.51% 的人通过测评网站、软件推荐来进行筛选；还有主播、大 V 推荐，买家评价，家人朋友推荐，自己喜欢明星推荐所占比重都不小（见图 4－1）。“95 后”对产品口碑的重视，也在提醒各大品牌和零售商，社交媒体时代，口碑营销尤其重要。

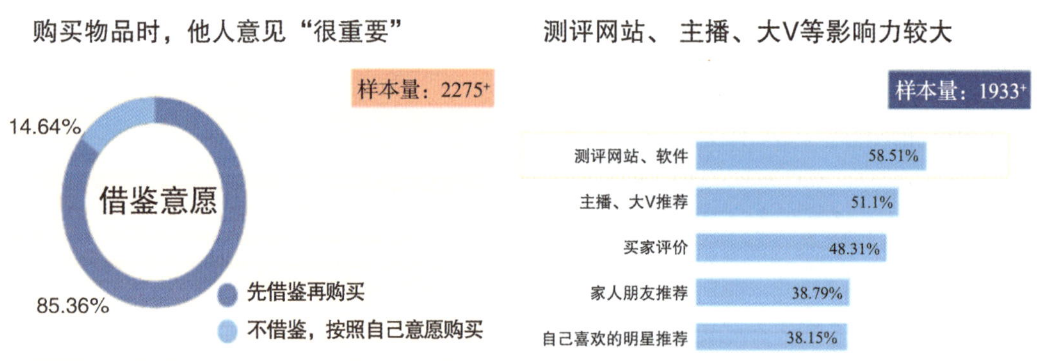

图 4－1　购物信息主要获取渠道

（七）爱好

爱好有助于消费者积极地认识商品，为未来购买活动做准备，激发购买动机；爱好能够使消费者较快地做出购买决策并付诸行动；爱好可以刺激消费者对某种商品重复购买或长期使用。例如，你喜欢打羽毛球，那么你一定会关注羽毛球、羽毛球球拍、羽毛球球衣、羽毛球球鞋，因为这些都是必备装备。所以商家在进行直播活动时，要注意从爱好角度吸引消费者，激发其购买欲。

二、痛点分析

（一）痛点的含义

痛点是指个体或组织尚未被满足而又非常期待的需求。从商业角度来说，痛点就是消费者最迫切的需求点，对于这个需求点，消费者有很高的意愿通过消费来实现。

（二）痛点的获取

1. 场景 + 产品

场景一：张先生吃完早点时看了一下时间，现在是 8 点 20 分，他想打个顺风车，半个小时应该可以到公司。正好还有一张 5 元赠券，输入目的地后，5 分钟还是没人接单，时间不太充裕了，还是打个快车吧，20 秒之后，有人接单了，张先生出门上班。

场景二：张先生年底发了奖金，他想“奢侈”一次，于是在滴滴上选择了专车服务，20 秒之后有人接单了，张先生高兴地上车回家。

场景三：周末，张先生想带妻子、孩子一起去郊区游玩。他拿出手机点开应用，却没找到租车业务。

场景四：张女士在美容院做美容，忽然想起今天朋友会坐火车来看她，需要她接站。时间来不及了，张女士问同行的朋友：“玲玲姐，你用滴滴打车吗？这个平台有司机帮代接送人的业务吗？”朋友说：“没有啊，要是有的话，就可以找有诚信的司机师傅天天按时帮忙接孩子了，也不用家里、学校来回跑了。”

从场景一和场景二来看，滴滴已经很好地解决了用户的基本出行问题，通过顺风车、快车、专车三个不同模块解决了用户不同方面的痛点问题，满足了用户在不同场景下的需求。

场景三和场景四展示了用户出行方面的其他需求，滴滴在这些场景下尚未满足用户的需求，就成了痛点。产品存在的价值就是为了解决用户的痛点，当这些痛点被解决后，客户就会对这款产品产生依赖。同时客户也会对这款产品提出更高的期待，这种期待就变成了用户新的痛点。所以，产品的迭代过程就是一个不断完善、不断优化的过程，也是不断解决用户新的痛点的过程。

利用不同的场景模拟来获取不同场景下用户的痛点，完善场景的过程就是解决用户痛点的过程。企业在研发产品前通常需要做大量的用户调研，通过调研企业可以收集到用户的不同场景，而且可以通过场景复盘找出消费者的需求痛点。

2. 场景 + 角色 + 产品

场景：齐女士在家里整理了闲置的衣服、玩具、儿童图书，准备处理掉，扔了觉得可惜，留着又觉得占地方。她想：如果能有一个机构接收这些物品并赠送给需要的孩子就好了。

通过这个场景可以发现，如果有一个机构或平台可以搭建起齐女士这样的爱心妈妈和需要这些旧玩具、旧图书的用户之间的桥梁，就可以很好地解决双方之间的痛点了。机构或平台如果要为爱心妈妈们赠送物品提供服务，就会产生一定的代收服务费用，雇用相应的代收人员，并提供上门取物服务。这项服务涉及不同角色，通过这些角色可以收集不同场景，进而通过场景获取不同角色的痛点，最后通过分析痛点后再来完善产品。

三、卖点分析

（一）卖点的含义

卖点，是指对于消费者而言，所卖商品与同类商品相比，具有别出心裁或与众不同的特色。这些特色，一方面是商品本身所具备的，另一方面是通过营销策划人员创造出来的。不论它从何而来，只要能落实于营销的战略战术中，转化为消费者能够接受、认同的利益和效用，就能达到产品畅销、建立品牌的目的。

（二）卖点分析方法

1. 价格分析

价格是影响消费者购买决策的重要因素，透明化或可比性较强的商品以价格作为卖点，会立刻获得消费者的青睐。

2. 服务分析

现场服务与售后服务也是消费购买商品时需要考虑的因素，如果能够在服务上提出可测量的服务标准，不仅能够瞬间吸引顾客，还能够形成好的口碑传播。

3. 效率分析

等待容易让人产生焦虑，人们都渴望快速得到自己想要的价值，尤其在“立等可取”的时代，效率低下必将被市场所遗弃。

4. 质量分析

谁都不想买回家的商品用几次就坏了，如果你的产品确实耐用，千万不要“吝啬”赞美和宣传，一定要把它作为卖点告知消费者。

5. 稀缺分析

商家在推广自己的商品时，要利用消费者的“物以稀为贵”心理。这一消费心理突出自己所销售商品的稀缺性，以激发人们的购买欲望。

6. 方便分析

人们都喜欢便捷，如果你的商品具有这个特点，但竞争对手的产品没有，或者竞争对手没有以此作为宣传点，就可以考虑从这个角度思考自己的卖点。

7. 实力分析

实力是品质、服务、效率等因素的综合体现，如果能够将员工实力、产品技术、特殊资质、过往成绩等作为卖点对产品进行宣传，也能虏获消费者的芳心。

8. 附加值分析

在主营产品的基础上，让顾客获得竞争对手不能给予的额外价值，消费者肯定愿意优先选择你的商品。

9. 选择分析

为什么顾客有货比三家的行为？因为人们总希望通过对比，找到最适合自己的商品和服务。商品可以将为消费者提供更多可以选择的商品和服务作为卖点，吸引特定人群的光顾。

10. 重塑认知分析

一般情况下，业内熟知的产品特点或生产流程并不会引起商家的重视，但消费者不知道这些信息。此时，如果将这些信息作为卖点进行宣传，就有可能引发消费者的青睐。换句话说，大家都在做的事情，别人没有“喊”出来，你“喊”出来了，消费者就会关注你。

任务实施

王新通过对直播消费人群的分析学到了很多知识。王新找了一款产品——防蚊喷雾，计划根据自己所学的知识对消费者进行分析（见表 4－2）。

表 4－2　消费者分析表

项目	分析
性别	女性需求比男性需求大
年龄	有购买能力的人
地域	蚊子多的地方
职业	没有特别的职业要求
消费层级	基本都能消费得起
生活圈子	没有太大要求
爱好	没有太大要求

同步训练

任务描述：为了更好地掌握直播间消费者的分析方法，深入了解产品的卖点，请你选择一款坚果产品进行卖点分析，仔细填写卖点分析表（见表 4－3）。

表 4－3　卖点分析表

项目	分析
价格	
服务	
效率	
质量	
稀缺	
方便	
实力	
附加值	
选择	
重塑认知	

任务评价见表 4－4。

表 4-4　任务评价表

评价内容	分值	评价		
		自评	小组评价	教师评价
搜索选择	10			
卖点分析	90			
合计	100			

任务二 产品分析

任务导入

学习了直播消费人群的分析方法之后，王新制订了学习单，用以梳理学习如何分析产品等相关知识（见表 4-5）。

表 4-5　学习单

学习项目	关键词
高客单价产品分析	价位高、利润高
低客单价产品分析	价位低、利润低

知识探究

每种产品的价格都是不一样的，不同的价格影响着消费者的下单速度，可见，对产品价格进行分析是非常有必要的。

一、高客单价产品

客单价是指店铺每一个顾客平均购买商品的金额，即平均交易金额。高价产品由于定价高，所以通常也是高客单价产品。

（一）高客单价产品的优点

1. 利润高

高客单价产品的利润通常很可观。“三年不开张，开张吃三年”通常描述的就是这类产品。相对于低客单价产品而言，运营高客单价产品的工作量会少很多。同样的销售额，高客单价产品一单赚取的利润，低客单价产品可能需要卖几百件产品才能达到。

2. 购买人群精准

高客单价产品的购买人群是非常精准的。常见的高客单价类目有家装、珠宝首饰、家具、乐器、家电、汽车、手机数码、奢侈品等。这类产品价格较高，购买人群多为高收入人群。

（二）高客单价产品的缺点

1. 流量低

高客单价产品的价格比较高，针对的多是高消费人群，虽然偶尔也有中低消费人群中的冲动消费者来购买，但人数不会很多，所以流量相对而言就比较少。

2. 转化率低

高客单价产品的高定价特点在某种程度上决定了该类产品看的人多、实际购买的人少，间接导致转化率下降。因此，对于该类产品，提高转化率是运营的重点。

（三）打造高客单价爆款产品

1. 定位

从定位上来说，商家的目标人群不能定位于普通客户，而应定位于高消费人群。在对产品和店铺进行定位时，要针对高消费人群的喜好而制定，设计效果要具有一定的“高级感”。

2. 标题

标题是客户找到商家和产品的基础，所以关键词要精准。

3. 视觉

在推广高客单价产品时，美工设计也是影响订单能否成交的重要因素。一般来说，客户会特别在意店铺或产品呈现的感觉和气氛，设计风格应简洁大气。

（四）高客单价产品带货技巧

直播不能卖高客单价的产品？还有人存在这样的疑惑吗，那一定是你太不了解直播营销的魅力！那么，如何实现奢侈品箱包等高客单价产品的直播推销呢？具体方法如下所述。

1. 设置悬念，并预告直播时间

在短视频中设置悬念引发“粉丝”用户的好奇心，并表示会在下一期短视频的内容中讲解。例如，主播一般会有固定的直播时间，他们会通过短视频内容引导或者承诺免费送福利，吸引用户观看直播。

2. 抓痛点、挖需求

“抓痛点、挖需求”也是客单转化的必杀技。以房产主播为例：主播会演绎“现实”故事，挖掘用户买房刚需或者分析房产市场行情，激发用户投资热情。

3. 答疑解惑

在直播间和客户对话，解答客户的疑问。在解答用户疑问的时候，指出他们的消费或投资误区，从而加强用户的黏性和信任感。

4. 降维打击，分享干货 + 行业内幕

客单价比较高的产品，比如房产、汽车或者高价玉石，行业的信息透明度很低。在某种程度上很像人们常说的“降维打击”。人们通常对这类内容不是很了解，并具有一定的好奇心，同时这些内容也与人们的生活息息相关，所以这类内容通常具有一定的流量潜质。对于客单价比较高的产品，分享干货与行业内幕就成为吸引客户的重要手段。

例如，房产主播教用户买房的时候看沙盘的技巧；玉石主播分享买玉石的注意事项。还有一些主播会分享行业内幕，比如站在用户的角度说一些内幕，营造一种站在用户的角度真心为他们着想的感觉，加强用户对他的信任感。

5. 擅长讲故事

讲故事是客单转化中必不可少的一部分，甚至可以说是重中之重。讲故事能够赋予产品更丰富的意义，并和用户培养感情。一开播就卖货可能适用于客单价较低的产品，但是对于房产、汽车、玉石或其他奢侈品等客单价较高的产品，一定要培养主播和客户之间的感情，加强用户黏性，这对后续成功成交很有必要。

6. 培养信任感

高客单价产品会影响消费者的决策方向以及决策周期，如果拥有高信任度，相对来说可以缩短消费者的购买决策周期。前期怎么积累消费者的信任？如果你本身就是行业大咖，相对来说就比较容易。例如，锤子手机创始人罗永浩在抖音上直播带货，还请来了小米中国区总裁卢伟冰、搜狗 CEO 王小川为自家产品站台，这个说服力和信任指数就非常高。当然并不是所有人都有那么强的影响力，对于一般人而言需要靠日常直播积累，此外还要看卖的是什么商品，一定要体现专业性。

7. 玩转价格策略

说到价格策略，房产和汽车等商品可发挥的余地相对较小，玉石类商品价格跨度大，有客单价几千元上万元的，也有只卖 1 元、2 元的小吊坠，所以相对而言，价格策略的发挥空间也比较大，具体如下：

（1）首先，产品要设置多种价格。

1）市场价（暗示用户这款产品价值不低）。

2）曾经卖过的价格。

3）卖过的最低价格。

4）给出比卖过的最低价格还要低的价格。

（2）其次，制造紧迫感。

一般而言，主播在直播时会全程使用该策略。常见的销售口吻有："就这些货了，卖完就不再卖了"，"这款产品曾经上架 3 秒就被抢光了，用料已经涨价了，我不能再按照原来的价格卖了，亏太多了"。

二、低客单价产品

低客单价产品就是单价较低的商品。

有直播电商数据显示，70% 以上的热销商品，价格在 40 元以下；超过 60 元的商品，占比仅为 10%。热销的单品，主要是食品饮料、美容护肤品、服饰鞋包、床上用品等商品。

商品价格不高、决策成本低，会使直播观看者更容易冲动消费。比如，一箱 50 元的牛奶，优惠 10 元，就会引发大批用户冲动购买。反之，如果一个品牌包售价 1.5 万元，即便商家六折优惠，大部分人也会望而却步。可见，人们更愿意去购买低客单价产品。

(一)提高低客单价产品营业额的方法

1. 高性价比低价爆款引流

提前准备高性价比的产品，利用第三方活动进行推广，让销量排名冲到行业前几名。虽然是低价产品，但是产品质量一定要过硬，不能售卖伪劣产品，最好是自己的独家产品。

2. 多品类关联带动，增加营业额

除了店铺现有的低客单价产品外，还可以找一些相似的产品。当然这不是盲目增加店铺品类，而是要针对自己店铺的特点，挑选适合店铺的产品，比如要挑选行业的热卖款，毕竟热卖款是经过市场检验的，同时要做好页面引导与关联，这样可以实现营业额的增加。

(二)低客单价产品的运营误区

1. 盲目提升客单价

很多做低客单价产品的商家，都在想如何能提升自己的客单价，以此来获得更高的营业额。但是销售低客单价产品的店铺的特点就是产品价格比较低，由此可见，这类店铺即使将时间和精力全部投入在提高客单价上也不会有很大突破。

2. 店铺定位错误，盲目追求“小而美”

近年来，很多做低客单价产品的店铺纷纷追求“小而美”的经营理念。如果这类店铺既没有网红产品，也不具备很强的产品开发能力，那么盲目追求“小而美”就只能做到“小”，而不能做到“美”。

3. 直通车推爆款

低客单价产品不要奢望依靠直通车付费流量去推爆款，因为采用这种方式销售商品成交一单利润微薄，不够弥补开通直通车的费用，所以仅依靠直通车推爆款不可行。

任务实施

王新通过学习分析产品的方法，了解了高客单价产品和低客单价产品的不同。接下来，他计划选择一款高客单价产品——某品牌相机进行分析。

第一步：分析该品牌相机的优点（见表 4－6）。

表 4-6　某品牌相机的优点分析

优点	分析
可靠性高	坚固、耐久性强
操作体验好	共同操作系统、人机工程设计合理、操作顺手
镜头群丰富	专业级别的红圈和入门镜头
色彩好	整体色彩偏红、色彩舒服、自动白平衡
配件丰富	配件很多，大到闪光灯小到肩屏贴膜
高光可以拉回	增加了曝光补偿，让人的皮肤看起来白皙柔和

第二步：分析该品牌相机的缺点（见表 4-7）。

表 4-7　该品牌相机的缺点分析

缺点	分析
宽容度	暗部细节还原彩噪比较明显
视频拍摄	有视频拍摄功能，不过暂时不支持 120P 升格拍摄

第三步：通过分析优缺点，挖掘直播中客户的痛点和需求。

同步训练

任务描述：为了更好地理解不同价位产品的特点，请你对一款低客单价产品——女士发夹进行分析。

第一步：收集某款女士发夹质量情况及优缺点等信息，并完成表 4-8。

表 4-8　某款女士发夹质量及优缺点分析

特点	分析
质量	
优点	
缺点	

第二步：做爆款引流活动。

第三步：选择关联产品。

任务评价见表 4-9。

表 4-9　任务评价表

评价内容	分值	评价		
		自评	小组评价	教师评价
优缺点分析	60			
引流活动	20			
关联产品	20			
合计	100			

任务三 ▶ 后台的营销工具

任务导入

掌握了分析直播产品的方法后，王新制订了学习单，用以梳理如何使用后台营销工具等相关知识（见表 4-10）。

表 4-10　学习单

学习项目	关键词
优惠券	设置金额、优惠券张数
秒杀	设置秒杀时间

知识探究

卖家可以使用直播后台的营销推广工具促进产品的销量。

一、优惠券

优惠券是一种常见的营销推广工具，使用后可降低所购买产品的价格。

创建优惠券需要在商家后台操作，主播如想在直播中发放优惠券，需要先找相关商家获取优惠券 ID，再进行优惠券的添加和发放。

（一）发放优惠券

在主播端增加发券入口，点开展示优惠券列表，然后发放优惠券（见图 4－2）。

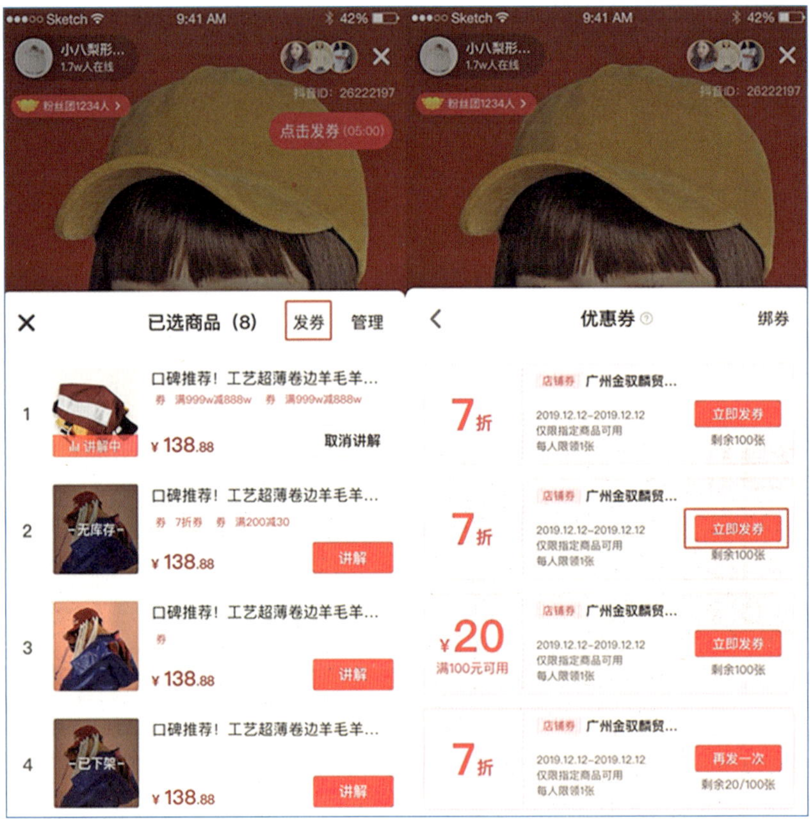

图 4－2　发券

（二）优惠券绑定

优惠券绑定的流程：发券—绑券—输入优惠券批次号—确定—绑定（见图 4－3）。

（三）看播端变化

当主播发放优惠券后，所有看播用户（包括中途进入直播间的用户）端口均会弹出领券图标，图标自动收至左上角（见图 4－4）。

图 4－3　优惠券绑定流程

图 4－4　领券图标

（四）用户可主动领取 / 关闭优惠券

用户点击左上角图标，显示优惠券浮窗，用户可领取优惠券，也可关闭领券浮窗

（见图 4－5）。

图 4－5　优惠券浮窗

（五）领取结果

领取成功：系统提示“恭喜你已取得优惠券”＋优惠券信息。

领取失败：在直播间居中位置弹出提示“好可惜，未抢到优惠券”。

二、限时秒杀

限时秒杀是网络商家在某一时间段内，大幅度降低活动商品的价格，买家只要在这一时间段内成功拍得此商品，便可以用很低的价格买到原本价格很高的商品的一种营销活动。

（一）设置流程

登录抖音小店商家后台，点击左侧的营销中心—营销工具—限时特卖，然后点击“创建活动”，如图 4－6 所示。创建活动信息填好后，点击“保存”，如图 4－7 所示。没有开抖音小店的主播可以联系商品的相应商家进行操作。

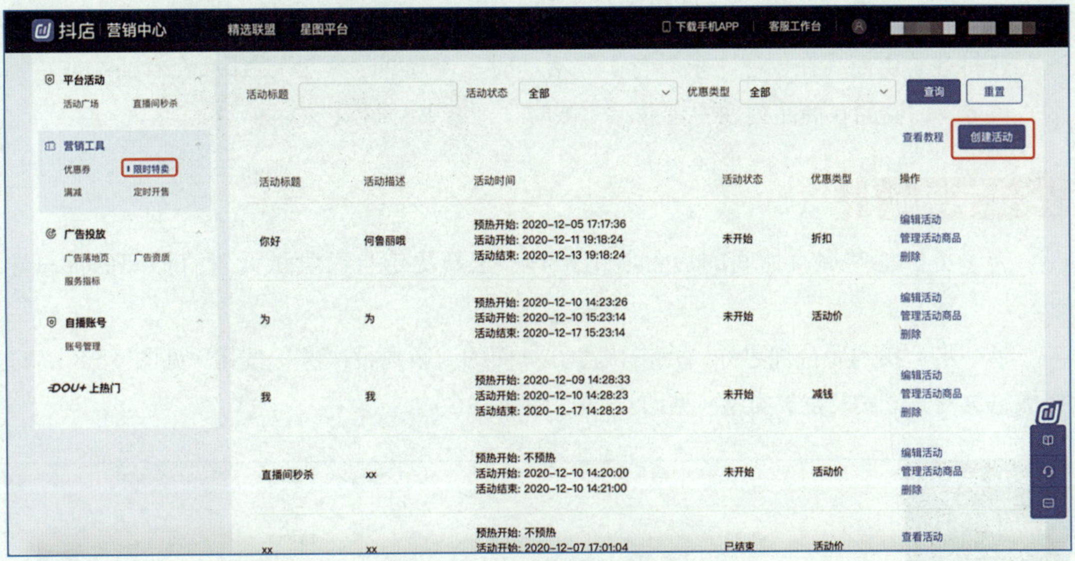

图 4－6　限时秒杀设置流程 1

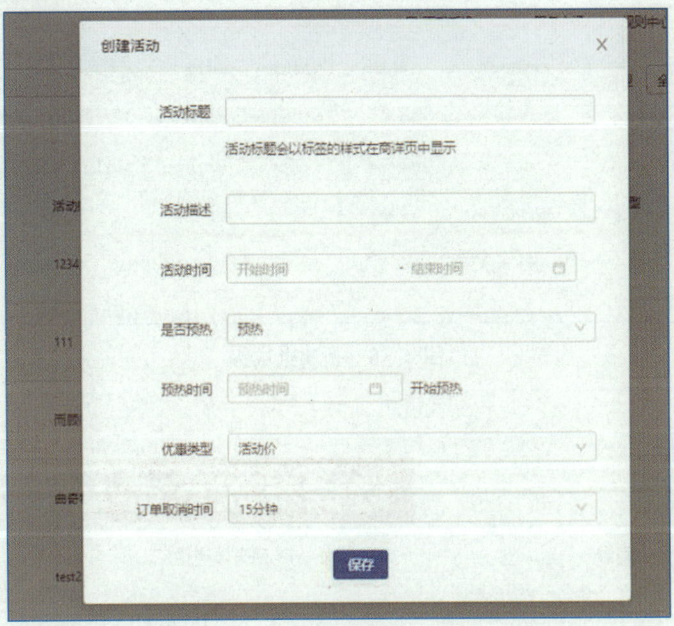

图 4－7　限时秒杀设置流程 2

在创建活动时通过设置“预热”和“预热时间”，可在直播商品列表中显示“倒计时”，即为秒杀活动，建议预热时间与直播时间关联，不要过于提前。

若在创建活动时没有设置“预热”，则为限时活动。

（二）看播端和主播端的样式

若抖音小店商品在创建“限时特卖”活动时，选择了“预热”，那么在看播端或主播端，被分享的商品在商品列表中会显示：“秒杀，距开始时间 ××××”。

若抖音小店商品在创建“限时特卖”活动时，未选择“预热”，那么在看播端或主播端，被分享的商品在商品列表中会显示“限时，距结束时间 ××××”。

任务实施

为了更好地掌握直播间的后台营销工具，王新决定自己尝试设置直播间的优惠券活动。

第一步：找到后台优惠券，点击优惠券页面的“新建批次券”按钮（见图 4－8），选择优惠券发放方式及发放类型（见图 4－9、图 4－10）。

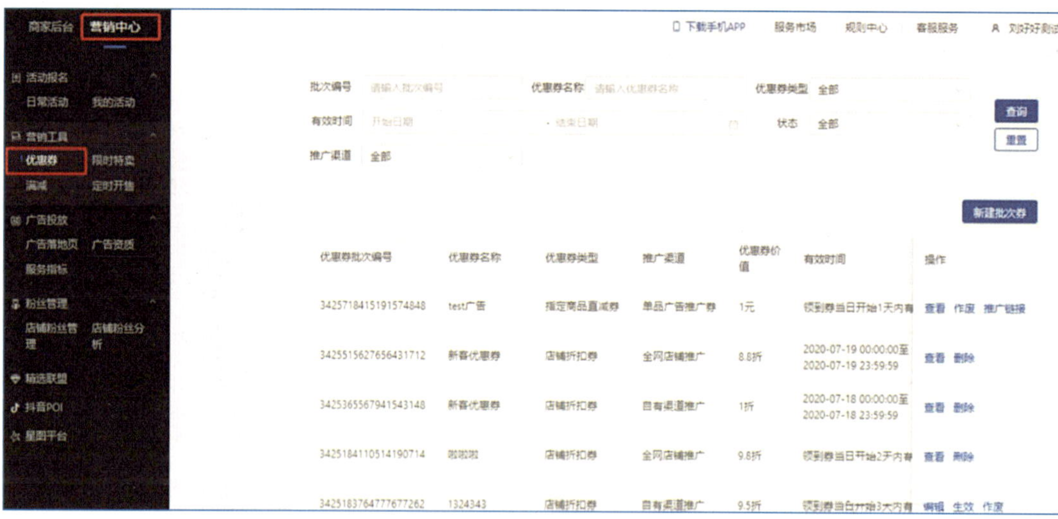

图 4－8　新建批次券

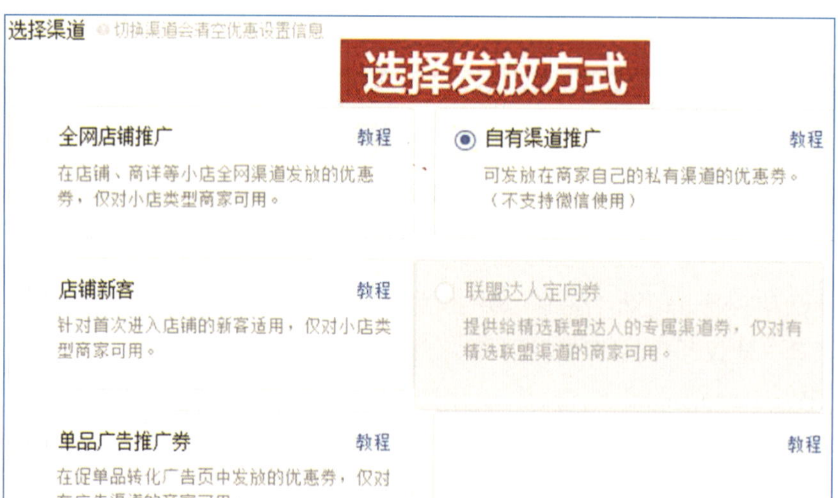

图 4－9　选择发放方式

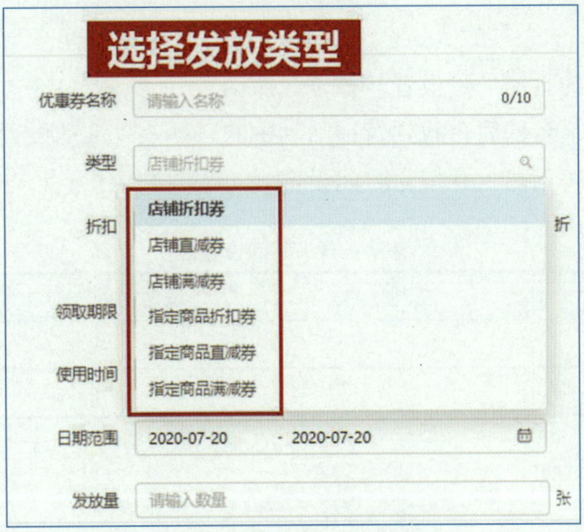

图 4－10　选择发放类型

第二步：设置折扣、领取期限和使用期限（见图 4－11、图 4－12）。

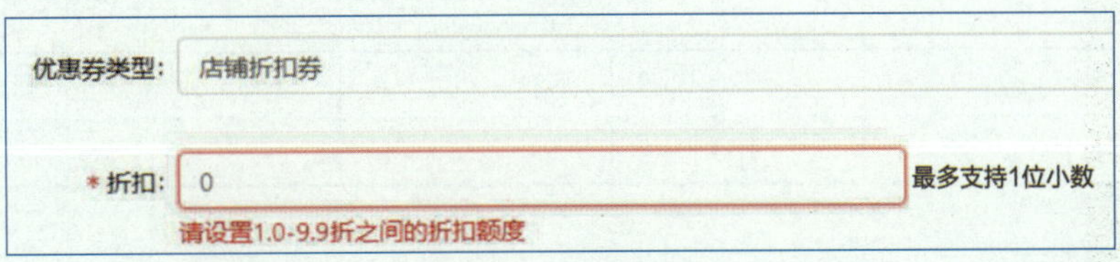

图 4－11　设置折扣

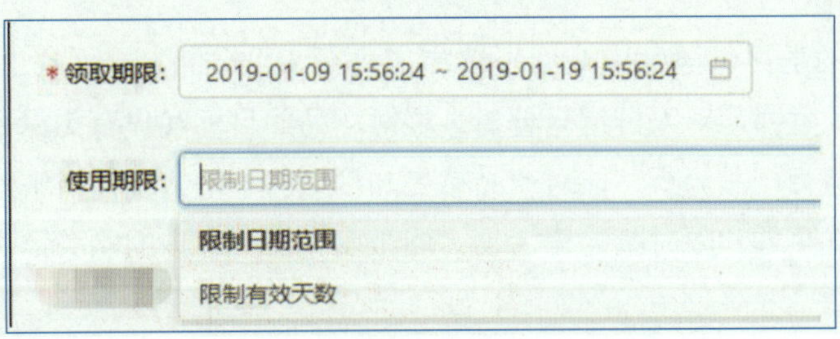

图 4－12　设置领取期限和使用期限

第三步：设置发放量和每人限领张数（见图 4－13）。

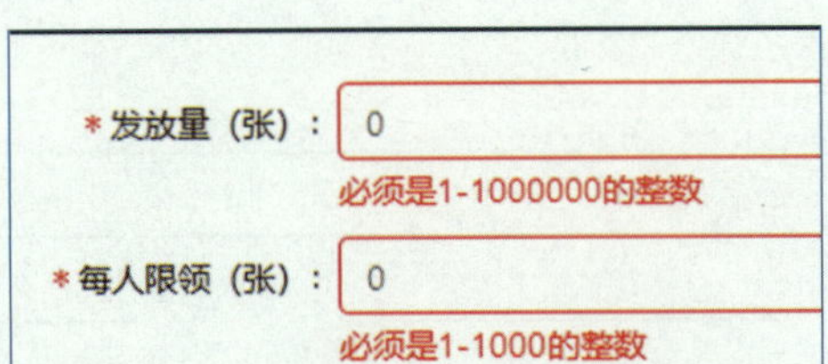

图 4－13　设置发放量和每人限领张数

第四步：点击“提交”完成优惠券的创建。

同步训练

任务描述：请你为直播平台设置“秒杀”活动。

第一步：在直播平台的后台找到营销活动中的“秒杀”活动设置页。

第二步：设置是否预热，并填写时间设置表（见表 4 - 11）。

表 4 - 11　时间设置表

项目	设置时间
预热	
不预热	

任务评价见表 4 - 12。

表 4 - 12　任务评价表

评价内容	分值	评价		
		自评	小组评价	教师评价
找到营销活动	20			
设置“秒杀”活动	80			
合计	100			

项目小结

通过本项目的学习，学生应全面理解如何进行人群分析、产品分析，掌握后台营销工具的使用方法。直播前对人群进行分析，能对产品的目标客户有更深入的了解，更好地准备直播话术；进行产品分析，能对产品有更加深入的了解，直播讲解过程中会更加有自信。直播中配合优惠券和限时抢购等活动，能激发直播间客户的购买欲，从而促进直播间的成交。

课后练习

一、填空题

1. 消费者分析主要分析________。
2. 卖点分析方法有________。
3. 高客单价产品的优点是________；缺点是________。
4. 卖点是指________。
5. 低客单价产品的运营误区是________。

二、简答题

1. 消费者分析中消费层级主要有哪些?
2. 高客单价产品的直播套路有哪些?
3. 如何创建直播间优惠券?
4. 如何设置秒杀活动?
5. 低客单价产品提高营业额的方法有哪些?

三、案例分析

直播营销的 4 大核心套路

仿佛就在一夜之间，营销界又“变天”了。

时光好像回到了几年前，微博、微信刚兴起，广告人、公关人、品牌商……人们张口闭口不离“社交媒体”，只不过这次热烈讨论的对象变成了“直播”。

“一种新媒体的出现，将导致一种新文明的产生。”伊尼斯在《传播的偏向》一书中写道。对这一点，市场人的体会尤深，电视到互联网、PC 到手机、微博到微信，每一次媒介变革都带来了一场营销革命。

那么问题来了，直播会是下一个改变世界的媒介吗？它的核心优势在哪里，能为品牌带来哪些价值？广告主打开它的正确姿势又是什么？……像面对以往那些新事物一样，品牌商们矛盾地纠结着，对直播兴致勃勃的同时又疑虑重重。

直播究竟有多火?

貌似创业者全都中了它的毒。

素人为它疯狂，一夜暴富仿佛不是梦。

才华横溢的就不说了，歌声美、舞蹈靓、笑话高手、电竞达人……但凡有个一技之长，在直播平台上赚钱不是梦。没特长的普通人也能在这个世界里赚钱，仿佛万事皆可直播。

一些普通人慢慢修炼成网络红人，他们是直播大军的先行者和主力军。随着监管政策收紧，“网红”行动受限，演员、歌手群体又迅速补位，他们视直播为最时髦的宣传方式：姚晨直播做饭、蒋劲夫直播跑步、周杰伦直播打游戏……明星通过直播自己的公开活动或个人生活，得以将更多层面展现在粉丝面前，缩小了彼此之间的距离感。

直播平台也如雨后春笋般层出不穷。

每隔 5 秒就有一款新的直播应用诞生，且创业公司与巨头一同蜂拥而上——BAT、360、小米、陌陌、微博……所有你听说过的互联网公司要么推出了自己的直播平台，要么考虑在原来的应用中增加“直播”按钮。

有人的地方就有营销，汇聚了如此庞大人群（尤其是年轻人）的直播平台自然也成功引起了广告主的注意。具体该如何下手呢？我们梳理了国内外经典案例，为大家总结直播营销的四大公式。

公式一：品牌＋直播＋明星

操作难度：★★

在线的主播千千万，观众为什么偏偏走进你房间？“有明星”显然是一个不错的理由。

在这方面，一个流传甚广的案例是欧莱雅“零时差追戛纳”。某一年戛纳电影节上，欧莱雅全程直播了巩俐、李宇春、井柏然等几位代言人在戛纳现场的台前幕后。尤其是走红毯前的化妆阶段，他们介绍了自己使用的各种欧莱雅产品，带来的直接市场效应是，直播四小时之后，李宇春同款欧莱雅唇膏天猫旗舰店售罄。

明星效应向来强大，特别是直播正进入平民化阶段，有大牌明星出现一下就能抓住眼球产生轰动效应，而且导流能力强，能为品牌带来真金白银的销量。不过这种玩法的劣势也显而易见——大部分明星的直播都局限于片场间隙、后台化妆间，并无充分准备，只依靠“现炒现卖”，能留下来的话题不多。按照眼下品牌在直播上消费明星的速度，大众的猎奇心理很快就会被满足，审美疲劳也就不远了。

公式二：品牌＋发布会＋直播

操作难度：★★★

除了请明星吆喝的“直播版电视购物”，国内企业触发直播这项技能的另一种普遍姿势就是发布会直播了。

线上发布会好处多多：首先场地、搭建费没有了，省掉一笔开支；其次覆盖的粉丝广了、参与度也提升了，每个人都可以留言提问。

公式三：品牌＋直播＋企业日常

操作难度：★★★

万事皆可直播，这句话放在企业营销上同样适用。既然公开的发布会可以直播，那么那些不公开、半公开的企业活动，是不是也能进入直播的镜头前呢？我们的国外同行已经有了一些尝试。

2016年3月，以性感著称的CK在Twitter的直播平台Periscope上，直播了它极具标志性的2016秋季广告大片制作全程，包括选秀、幕后花絮等。“所有镜头都通过GoPro相机和iPhone完成，你会觉得很真实、很原始、很自然。”CK首席营销官认为，实时直播则不容易修饰，因而看起来更加真诚。

另外一家，虽然是老牌B2B企业，但是百年来一直走在营销前沿的GE，这次也做了直播营销的吃螃蟹者：推出了一场为期五天的无人机直播，在五个不同的地点对五项业务现场（比如深海钻井、风力发电）进行全方位扫描。同时，GE也在社交媒体配合解答了观众诸如“工人们站在百米支架上工作如何克服恐惧感？”等好奇探究，激发了他们对科技和公司的兴趣。

从几百米高空俯视白色的GE风力涡轮机，竟然还捕捉到站在这白色大家伙上自豪挥手的工人。

社交时代，营销强调说人话、拟人化。如同普通用户分享自己的生活点滴，品牌分享自己正在做的事，也正成为与公众建立更密切关系的社交方式。而且帷幕背后往往隐藏着精彩，但如何从琐碎枯燥中挖掘出这些具有吸引力的素材、故事，将是对公关、营销人的一大考验。

公式四：品牌＋直播＋深互动

操作难度：★★★★★

虽然业界对直播营销的探索还处于初级阶段，但有一点已经形成共识：直播最大的优势在于带给用户更直接、更亲近的使用体验，甚至可以做到零距离互动，这是其他平台无法企及的。前三种方法的互动模式——评论、打赏、送礼物，都只停留在表面，并没有将直播的实时互动性榨取得淋漓尽致。

深入互动的直播营销该怎么玩呢？下面的创意或许能为我们提供参考：

宜家英国和Skype合作的一个现场直播，先是部分用户的Skype上会弹出活动广告，邀请他们参加宜家的“护照挑战”。倒计时开始后，参与者有30秒的时间迅速找到护照，并回到摄像头前拿着护照合影，成功的人将获得一份大礼。

说了这么多，属于直播的时代其实才刚刚开始，四个公式代表的也只是直播营销的初级玩法，我们有理由相信，一定会有更高阶、更新鲜的姿势崭露头角，而且就在不远的未来。

资料来源：qingzhiqiang. 直播营销的4大核心套路.（2020-01-07）[2021-08-30]. https://www.qinzhiqiang.com/archives/44664.html.

思考：

直播营销的4大核心套路各有什么特点？如何操作？

四、拓展阅读

直播营销也可以突破套路

“双十一”这场品牌大混战，不仅仅电商领域打得热火朝天，内容领域也是硝烟弥漫。“内容电商”这个烫手山芋，在“双十一”的声势也甚是浩大，前有天猫联合UC开通的UC订阅号“双十一”专题，后有京东联合今日头条力推的“京条计划”，而其中自然也少不了一些名人效应。

像毒舌电影、关八、飞碟说、黎贝卡这样的自媒体大咖，SKY李晓峰这样的世界电竞冠军，甚至连Papi酱这样的网红都聚集在同一个平台。阿里巴巴的烟火狂欢不仅在天猫淘宝烧得灿烂，连在其移动端内容分发平台头条上，也绽出了花火。

内容分发平台要怎么借势“双十一”打一场漂亮的营销战呢？阿里巴巴UC主打内容电商，给出的应对思路是“资讯＋娱乐”。这家2016年宣布转型布局内容平台领域，如今背靠阿里这棵大树的互联网老牌企业，试图打造所谓的“购物资讯新形态”。

除了一贯的套路，红包还能有什么突破口？

红包是每年“双十一”预热的固有套路。除了天猫、淘宝自身平台，阿里系其他成员也被纳入了派发红包的阵营。优酷采取的是上优酷App看视频触发红包的模式，而阿里力推内容电商，作为其中重要的数字媒体平台，UC设计了三种不同类型的红包分三个阶段进行发放。

第一阶段：AR 捉红包

模式类似大热游戏 Pokemon Go。移动手机视角，瞄准一只飞动的红包后快速点击“捉”按钮，即可抓取红包。此阶段用户有机会获得现金、阿里旅行基金和机票免单等礼品。

第二阶段：红包宝宝找爸妈

用户需要在 UC 中找到“红包爸爸”，并在 UC 头条中找到“红包妈妈”，凑齐“CP”后则可以召唤出“红包宝宝”。两个 App 间来回跳转的体验显得无趣，但 1 111 元的现金大奖足够诱人。

第三阶段：扫脸拿钱

利用时下流行的表情包制作。当用户根据提示拍照上传后，UC 会进行人脸识别，利用模板制作出专属于该用户的“双十一”表情，表情生成完毕后用户将获得刮奖机会。

其实，在“双十一”、春节这种全网砸红包的时期，仅凭红包形式就想戳中用户的心难度不小。越来越多的平台正在思考如何将红包形式与该平台用户行为相结合。优酷构造出红包与用户观看行为的强关联，UC 红包的特点则在于将红包福利巧妙融入用户浏览资讯的伴随性行为中。

然而有人说，“单纯的创意如利刃般割手”，具象的传播更能形成有效转化。第一阶段 AR 红包上线后，UC 邀请到了《非诚勿扰》人气女嘉宾做了次直播来做扩散。UC 为直播过程加入内容主线。

例如，铺设了一条悬疑主线：“手机摄像头奇异事件”作预热话题，预告中告知粉丝在摄像头中看到了神秘事物，邀请用户晚上到主播的直播间进行观看。悬疑氛围直击粉丝好奇心。数据显示，四位主播开场仅半小时，在线观看人数均已突破 5 万，可见悬疑预热对直播观看效果的有利影响。

自媒体人亮相

外界夸赞 UC 让自媒体拥有了自己的“双十一”。其实，这次 UC 内容店铺的初衷与 UC 转型后提出的“赋能媒体”的宗旨是一致的——服务于自媒体人，赋予内容更多价值。就精准营销而言，背靠阿里的 UC 手握大量数据，无论是规模还是维度，均超过京东消费数据和今日头条阅读数据。因此，目前来看，UC 内容店铺更具优势，UC 也被外界普遍看好。

可见，用户边看边买的前提不仅是用阅读营造消费场景，更重要的是内容质量过硬。做好内容，日后方可挖掘更多内容背后的价值。

资料来源：风物. 一个案例告诉你，直播营销可以突破套路.（2016-11-21）［2021-10-12］. https://www.sohu.com/a/119545419_545770. 有删改.

项目五

直播脚本设计

情境介绍

王新学习了直播营销策略，了解了直播营销策略相关的知识，学会了对不同直播消费群体的分析，但是如何把握直接节奏，尤其是如何更好地撰写直播脚本，王新还不是很清楚。为了尽快掌握直播相关技巧，王新决定分析直播脚本形成的整个过程，并掌握直播脚本撰写的方法。

学习目标

知识目标

1. 了解如何选择主播。
2. 理解如何选择直播主题。
3. 掌握直播时间节奏。
4. 了解直播脚本的分类与撰写方法。

技能目标

1. 学会查找知识点并培养总结归纳的能力。
2. 能够运用所学知识进行直播。
3. 能够运用所学知识撰写直播脚本。

思政目标

1. 培养具有社会责任感和社会参与意识、法律意识的高素质技能人才。
2. 培养学生的集体意识和团队合作精神。

任务一 主播和直播主题的选择

任务导入

近期，工作室老师给王新布置的任务是安排一场推广台灯的直播活动。经过前面的学习，王新已经掌握了一定的直播知识，但如何选择主播，如何选择直播主题，他还不是很了解。王新为自己制订了学习单（见表 5－1），用以梳理所学知识。

表 5－1　学习单

学习项目	关键词
如何选择主播	店长、专业主播
如何进行直播主题选择	直播目的、用户需求

知识探究

微博时代，人人都可以是记者；微信时代，人人都可以是摄影师；直播时代，则人人都可是主播。主播是随着视频直播平台的兴起，通过网络直播间输出内容，与观众互动的一群人。商家要根据实际情况来确定适合自己店铺特点的主播。直播主题的选择与规划要契合产品属性或者符合主播个性，直播主题选择恰当与否，直接决定了客户是否有兴趣进入直播间观看，也决定了直播能取得什么样的效果。

一、主播的选择

选择主播，要根据商家的实际情况而定，如人力、物力、财力、店铺的盈利状况、产品的特征等，最后确定适合自己店铺特点的主播。

（一）店长作为主播

通常很多中小卖家的店长会自己做主播来推广自己的店铺和商品。因为店长对整个店铺和所售卖的商品的特性是非常了解的，同时，也了解哪些人喜欢这些商品，营销推广应当定位于哪个群体，所以店长自己做主播介绍商品会更加深入、透彻、全面。但是当店铺发展到一定规模后，店长需要做的工作繁多，可能无暇参与直播活动。

（二）客服人员作为主播

店铺的客服人员也可以做主播，将客服人员作为一个团队，长时间轮流直播，更容易获得可观的免费流量，同时他们也可以配合店内的其他活动。但是客服人员做主播也有一定的弊端，例如商家如果对客服人员的培训不到位，商品理念没有清晰传递给客服人员，那么客服人员在直播过程中讲解商品的特性时，就容易出现偏差，难以达到理想的直播效果。

（三）专业团队作为主播

专业团队拥有专业的道具，如灯光摄像设备、场景等，有专职人员负责直播规划，时间也比较稳定。

主播标配团队 = 主播 + 运营 + 公会 + 平台。每个成功的主播背后都有一个优秀的运营团队。运营人员会做什么呢？他们会在主播直播的整个过程中，安排主播说什么样的话，演绎什么样的剧情，拿什么道具，哪些产品做活动，以保证整个直播过程的顺利进行。

运营人员在新主播开播前都会对主播进行培训，沟通直播技巧；主播开播后，运营人员还会作为“访客”与主播聊天、给主播刷礼物，来活跃直播间气氛；等直播一段时间后，运营人员还会帮主播去申请平台推荐位；主播下播后，会帮主播总结直播当中的问题，该怎么解决；等主播有一些粉丝量时，运营人员还要帮助主播去维护粉丝。

二、直播主题的选择

在直播中，一个恰当的主题往往可以产生良好的直播效果。俗话说：“好的开头是成功的一半。”从某种程度上说，主题选择恰当与否，直接决定了客户是否有兴趣进直播间观看，也决定了直播的效果。

具体来说，选择直播主题主要有以下几种方法。

（一）明确直播目的和方向

商家在开展直播活动时，首先要明确直播的目的是什么。是为了推广产品还是为了提升知名度？如果商家想要提高产品销售量，就应将直播主题指向卖货方向，吸引用户尽快大量购买；如果商家想通过直播提升知名度和品牌影响力，那么直播主题就可以设计得宽泛一些，并且着眼于长远发展。

直播的目的大致可以分为三种类型：短期营销、持久性营销和提升知名度。其中，对于持久性营销而言，其直播目的在于通过直播平台持久卖货，获得比较稳定的用户。所以，直播主题应该具备长远性的特点。

在策划直播主题时，应该从产品自身的特点出发，结合其他同类产品的分析突出自己的优势，或者在直播过程中就用户需要的一些实用的知识和技巧进行演示。这样一来，用户会对商家产生好感，并可能成为商家的铁杆粉丝。

例如，某商家在销售化妆品的直播中，在直播间标出的标题是：如何选择适合自己的粉底液？很多用户看到这个标题就会觉得很实用，这一标题有效地契合了女性的爱美心理，拉近了用户与商家的距离。

（二）切入用户需求

在直播行业，用户决定了直播的效果。没有人气的直播是无法经营并维持下去的。因此，直播主题的策划应以用户为主，从用户角度出发。

具体来说，切入用户需求要注意三点：

第一，思考如何从用户角度切入。从用户角度切入，最重要的是了解用户究竟喜欢什么，对什么感兴趣。有些直播如此火热，用户乐于观看，原因就在于那些直播符合用户的口味。现在关于潮流和美妆的直播比较受欢迎，因为直播的受众大多是年轻人，对于时尚有自己独特的追求。例如，“清新夏日，甜美时尚减龄”“小短腿的逆袭之路”“微胖女孩儿的搭配小技巧”等主题都是用户所喜爱的。关于美妆的直播，更是受到广大女性用户的热烈追捧。

第二，选择用户喜爱的话题，引起用户情感共鸣。例如一些“胖”主播专门直播微胖女生的穿搭技巧。在直播中，主播亲自试穿不同款式的服装，为用户展现如何利用服装搭配的技巧来掩盖身材的缺陷。用户如果觉得主播试穿的衣服也适合自己，就可以点击相关链接直接购买。除此之外，各种新鲜热点、猎奇心理等主题也能激发用户的兴趣。

第三，让用户自主投票选主题。用户自己投票选择主题也是体现从用户角度介入的一个点。一般模式的直播都是主播决定主题，然后直接把内容呈现给用户。如果要迎合用户的喜好的话，商家就要准备好打一场无准备之仗，主播要随机应变，积极调动用户的参与热情进行投票，随时让用户自己决定直播主题。另一种方法是在直播之前投票，比如平台方可以通过微信公众号、微博等社交软件发起投票活动，让用户选择自己喜爱的主题。

（三）抓住时代热点，体现时代性

在飞速发展的网络时代，热点就意味着大量的关注和流量，所以在这个时代做营销，尤其是直播营销，需要及时发现时代热点并以此展开直播。

如果错过了热点，那么你的直播很可能会过时。大部分的事物，尤其是热点，网友第一次看到，会觉得新鲜有趣，第二次看也许觉得还可以，但第三次甚至更多次之后就极有可能产生厌倦情绪。因此，对于市场热点的把握非常重要，企业或个人应尽量抢占先机。打个简单的比方，如果一位服装设计师想要设计出一款引领潮流的服装，那他就要对时尚热点有敏锐的眼光和洞察力。确立直播主题也是如此，一定要时刻注意市场趋势的变化，特别是社会热点。

1. 关注热点

例如，2022 年北京冬奥会就是一大热点。商家纷纷抓住这个热点，将自己的产品与冬奥会联系在一起，利用“冬奥会”这一热点推销产品。据《北京日报》消息，2 月 4 日冬奥会开幕当天，冬奥旗舰店的“冰墩墩”单日销售额达到近 300 万元，突破新高。网上一秒售罄，线下门店更是大排长龙。

热点的特点是关注度高，吸引的眼球足够多，如果率先借势这个热点，那么在信息差的影响之下，你就能比别的主播领先获得这波热点的红利。

抓住热点做直播，不仅很容易吸粉，主播的品牌也能够通过热点的传播进行最大范围的扩散。

2. 跟住热风向，快速出击

主播作为走在时代前沿的群体，要时刻关注直播的大环境和趋势的走向。当主播判断了一个热点在市场中的影响力时，就需要跟住这个热风向，主动并快速出击。这时，主播一定不能偏离热点营销的主题，在自身特点的基础上加入热点元素，这样就能完美融入市场，做出拥有更多粉丝的直播。

（四）利用噱头打造直播话题

从直播营销的本质上讲，话题才是信息传播的根本，也是一种高明的手段。拥有一个好的话题可以让直播营销事半功倍。因此，如何制造一个好的话题就成为直播营销的根本点。

当然，在话题的制造过程中，噱头一直以来都被人们称为“有效的佐料”。制造噱头也可以成为直播主题的选择之一。

1. 引用关键热词做噱头

在策划直播主题时，主播要学会利用关键热词制造噱头，因为热点词汇往往最能吸引人们的眼球。在互联网时代，网上的热点词汇和事件往往能够带动用户的传播和分享。

例如，2022 年北京冬奥会期间，王濛的解说连上 7 个热搜，其中，“我的眼睛就是尺”成为风靡一时的金句。

一般来说，主播要想扩大影响力，做足知名度，就需要在直播主题中植入自己的个性标签，让粉丝通过这个核心标签就能感受到主播的内涵，还可以借助一些名人、事件来帮助自己发酵。

2. 抛出爆炸性新闻做噱头

主播在做直播主题策划时，为了满足粉丝的猎奇心理，可以适当做一些“极端”的举动，给粉丝来一点刺激的新鲜感，前提是不能触碰社会道德底线。比如，在直播中抛出一些幕后新闻，用这些噱头激发用户的好奇心，吸引粉丝观看，然后在真正的直播中尽量给大家带来一些有用的“干货”。

当然，这种爆炸性新闻不一定是真正的爆炸性新闻，而是在直播题目、主题、话题上打造一个有看点的新闻，让粉丝因此走进直播间。

在这方面，抽象工作室可以说引领了一种文化，创造了网络直播的很多梗，直播内容劲爆有料，吸引了一大波“嗨粉”，就连很多明星也是隐藏的“嗨粉”。

虽然说这种网络文化不一定得到很多人的认可，但是抽象工作室确实有一段时间赢得了很多粉丝，2017 年网络热度词汇很多是由抽象工作室创造的。

一般来说，要想通过直播获得更高知名度，必须在策划直播的主题中加一些“料”，以引导用户参与进来并及时分享。

任务实施

通过对直播主题和主播选择方法的学习，王新对直播有了更进一步的理解，接下来王新决定利用自己所学的知识来对销售台灯进行一次主播选择和直播主题选择的实操训练。

第一步：根据商家的实际情况，如人力、物力、财力、店铺的盈利状况、台灯产品的特征等，来确定适合自己店铺特点的主播。

第二步：分析产品周边，主要是挖掘产品的一些周边信息，这些周边信息可以分成不同的主题。

第三步：根据这个主题策划不同的场景，以讲故事的形式分享给大家。

第四步：一个卖护眼台灯的店铺，客单价一般在 30 元～ 150 元，从店铺后台的数据可以发现，主要客户为 30 岁～ 45 岁的女性，她们的孩子多为 3 岁～ 10 岁。大多数父母为了孩子的健康，会选择以护眼功能宣传为主的台灯，他们对护眼、节能、质量、外观的要求决定了其购买行为。具体可以用“一台护眼灯，照亮孩子一生”作为主题进行直播。这类消费群体感兴趣的话题多为怎样教育孩子，怎样更融洽地与同事相处等，对于他们感兴趣的话题，都可以作为一个直播主题来进行有意引导。

第五步：如果用户对你的主题感兴趣了，说明他对你直播的一些产品也比较感兴趣，这个时候他就会自然而然地成为你的高黏性粉丝。

同步训练

任务描述：为了更好地运用所学的知识，请你选择一家卖珠宝饰品的店铺为其选择主播并策划直播主题。操作指南见表 5－2。

表 5－2 操作指南

步骤	项目	分析
第一步	选择卖珠宝饰品的店铺的直播平台	
第二步	选择主播	
第三步	确定直播主题	

任务评价见表 5－3。

表 5－3 任务评价表

评价内容	分值	评价		
		自评	小组评价	教师评价
选择卖珠宝饰品的店铺的直播平台	15			
选择主播	40			
确定直播主题	45			
合计	100			

任务二 ▶ 直播时间节奏

任务导入

在上一个任务中，王新学习了选择主播和直播主题的方法，他将继续学习把控直播时间节奏的方法，学习单如表 5－4 所示。

表 5-4 学习单

学习项目	关键词
第一阶段：直播前 15 分钟	预热、互动、送礼物
第二阶段：直播 16 ～ 60 分钟	介绍产品、粉丝互动
第三阶段：直播 61 ～ 120 分钟	预告

知识探究

作为一名主播，不但要具备掌握直播时间节奏的能力，而且要意识到直播间是自己的战场，主动权掌握在自己手中。很多新主播都会有这样的经历：第一次直播没经验，粉丝人数也少，直播几乎全程冷场；与观众的互动仅仅是一问一答，导致开场即散场的尴尬局面。

观众来到直播间往往抱着观望的态度，如果主播只是被动地等待“粉丝”制造话题，“粉丝”当然会失去兴趣。主播要具备掌控直播气氛、善于调节气氛和制造各种话题的能力，这种能力通常需要专门训练也需要积累。主播可以给自己的直播设置一个小主题，尽量让粉丝参与进来，粉丝有参与感就不会冷场。

主播具备一定的控场经验后，就要考虑如何把控直播时间节奏这一问题了，即设置直播时间节点。对于商品促销类直播来说，通常两个小时为一场，具体各环节的要求如下所述。

第一阶段：前 15 分钟

在直播开始后的前 15 分钟，主播应先进行活动介绍，为直播活动暖场。一般粉丝量达到 3 000 ～ 5 000 人时，或者最少达到 700 ～ 800 人时，开始活动介绍较为有效。暖场期间，主播可以和观众互动，穿插送礼、问答有礼、答对半价、免单、秒杀等活动。送出的小礼物要看产品的情况或者产品的价格而定，量力而行。

第二阶段：16 ～ 60 分钟

接下来的 45 分钟可以介绍 2 ～ 3 款商品，刚开始节奏要放慢一点。以服装类商品直播为例，刚开始直播时，观看量会很低，没有人互动会冷场，此时，可以用小号来引导做活动。小号可以抛出问题，如：今天会不会送礼物呀？价格能不能更优惠呀？这样做的目的是跟粉丝互动。在开启直播时，平台的算法机制就已经启动了。直播间有各个行业的频道，平台根据直播间的人数来分配流量，平台向用户优先推荐活跃的直播间，展现量就会非常高，这是一个良性的循环。再做一场问答有礼，提出常识性的问题让观众抢答，答对的会得到小礼物，这样会增加直播间黏性。互动的销售额对直播间的贡献非常大，这种活动要多做。可以和观众开玩笑、做游戏，适时调整直播间气氛，不一定一直介绍产品。

第三阶段：61 ～ 120 分钟

后面的一个小时，重复介绍前面卖的产品。做服装类商品的，就说穿搭；做数码类商品的就多演示，等等。直播的最后一个小时，可以发起免单活动。提前做出预告，提醒观众直播到最后会有惊喜，很多人会一直停留在直播间。大多数主播在直播接近尾声时会很疲劳，没有精力和直播间的观众互动，这很可能会造成直播间掉粉。在直播结束前的 20 分钟，主播可以以互动聊天的方式做结尾，对观看直播的粉丝表示感谢。直播的最后 3 分钟，一定要做的事情：提前在预告页面发布下一场直播的时间和内容，这样不仅可以留住铁杆观众，还可以吸引其他游客进入直播间。

任务实施

通过对直播时间节奏知识点的学习，王新基本了解了直播的时间节奏，为了更好地掌握把控直播时间节奏的方法，王新计划通过推广台灯活动来进行实操训练。王新撰写了一份直播时间分析表，如表 5－5 所示。

表 5－5　直播时间分析表

步骤	项目	分析
第一步	直播前 15 分钟	主要是与“粉丝”进行互动。对新进用户表示欢迎，与老“粉丝”寒暄。对新关注的“粉丝”表示感谢。在这一阶段，尽可能多地向新用户介绍自己，并要记得提醒大家加主播关注。
第二步	直播 16 ～ 60 分钟	对本期产品进行介绍（平均分配时间），福利产品剧透。直播的前期重在坚持，累积人气。无论有没有礼物都要保持好的状态，去迎接有可能会喜爱你的每一个人。用小号来引导活动，目的是和粉丝互动。互动的销售额对直播间影响非常大，这种活动要多做。不一定要接连不断地介绍产品，有时候问答有礼活动可以调节整场气氛。
第三步	直播 61 ～ 120 分钟	重复介绍前面所卖产品。 直播最后 20 分钟，以互动聊天的方式做结尾。向观看直播的粉丝表示感谢。
第四步	最后 3 分钟	提前在预告页面发布下一场直播的时间和内容，不仅可以留住铁杆观众，还可以吸引其他游客进入直播间。

同步训练

任务描述：学习了直播时间节奏的相关知识，为了更好地运用所学，请你为某品牌电水壶的直播销售时间制订计划，谈一谈该如何分配每一时间段（见表 5－6）。

表 5-6　操作指南

项目	分析
第一阶段：直播前 15 分钟	
第二阶段：直播 16 ～ 60 分钟	
第三阶段：直播 61 ～ 120 分钟	

任务评价见表 5-7。

表 5-7　任务评价表

评价内容	分值	评价		
		自评	小组评价	教师评价
第一阶段：直播前 15 分钟	15			
第二阶段：直播 16 ～ 60 分钟	45			
第三阶段：直播 61 ～ 120 分钟	40			
合计	100			

任务三　直播脚本的分类与撰写

任务导入

通过前面两个任务的学习，王新基本了解和掌握了直播主题和主播选择，以及把控直播时间节奏的方法。接下来，他计划继续学习脚本的分类和撰写方法，学习单如表 5-8 所示。

表 5-8　学习单

学习项目	关键词
直播脚本的分类	单品脚本、整场脚本
直播脚本的撰写	流程、方法

知识探究

直播脚本是保证直播高效、有序进行，能达到预期计划的直播方案。好的直播脚本，能有效避免直播意外的发生。

一、直播脚本的分类

直播脚本一般分为两类：一类是单品脚本，一类是整场脚本。

（一）单品脚本

单品脚本是围绕“产品”来写的，介绍的核心是产品卖点，或者说利益点是什么，脚本的作用就是通过一定的策划，采用可视化的形式将产品卖点展现出来。

以服装为例，解说商品时可以围绕尺码、面料、颜色、版型、细节特点、适用场合、如何搭配来讲，解说过程中与粉丝进行实时互动，及时回答粉丝问题。想要做好直播，一定要把单品脚本做起来，要把产品的卖点提炼出来。单品脚本要从以下四个方面来写，如图 5－1 所示。

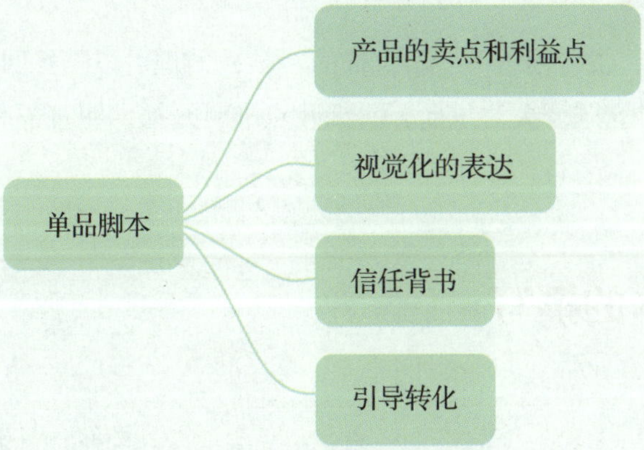

图 5－1　单品脚本撰写要点

（1）产品的卖点和利益点是核心，如买家比较关心的产品的细节、做工、面料、版型等。

（2）视觉化的表达，即通过策划将产品卖点用可视化的方式展现给买家。

（3）信任背书。例如产品原材料的原产地获得了什么专业认证，以取得买家的信任。

（4）引导转化。为直播间营造紧迫感，例如，“数量有限，请抓紧购买”。

单品脚本建议以表格的形式写下来，这样能把产品的卖点和利益点非常清晰地体现在表格上，有助于在直播对接过程中减少差错。

（二）整场脚本

整场脚本是关于整场直播所有细节的脚本。在直播过程中，要对主播的话语、活动等进行整体规划和安排，所以在撰写整场脚本时，要重点关注消费者心理、促销逻辑和方法的使用，以及直播时间节奏的把控。具体内容如下：

（1）开播马上进入直播状态，在签到环节，和最先来的观众打招呼。

（2）第 1 ～ 5 分钟，近景直播，主播在与观众互动的同时，还需要安排介场本场直播 1 ～ 2 款爆款产品。互动建议选择签到打卡抽奖，不断强调每天定点开播。

（3）第 6 ～ 10 分钟，剧透今日新款和主推款。

（4）第 11 ～ 20 分钟，将当日计划促销的所有商品全部“走马观花”介绍一遍，不做过多停留，但潜在爆款可以重点推荐。整个过程持续 10 ～ 20 分钟，助理要及时跟上，将每套产品提前搭配好，便于展示。但整个过程不必过分在意观众评论，不要过于跟随观众情绪，重要的是按自己的节奏逐个介绍。

（5）开播半小时后正式开始产品的逐个推荐。有重点地根据观众在前期对于所介绍商品的需求来介绍，每个产品的五分钟直播脚本可以参考前面的单品脚本进行撰写。

（6）直播过程中，场控要根据同时在线人数和每个产品的点击转化销售数据，引导主播进行重点讲解，可适当地进行一些调整。

（7）最后一小时，做呼声较高产品的返场讲解。

（8）最后半小时，完整演绎爆款商品购买路径，教观众怎么领优惠券、怎么成功下单。

（9）最后十分钟，主播剧透下一次直播的新款，助理可以随机回复观众提出的问题。

（10）最后一分钟，强调关注主播，明天几点准时开播，明日福利都有哪些。

二、直播脚本的撰写

一场成功的直播，主播、选品的重要性不言而喻，一份逻辑严密、条理清晰的直播脚本更是必不可少。

（一）直播脚本的撰写流程

1. 开场环节

直播刚刚开始，最重要的目标就是暖场，提升直播间的人气。暖场的时长可以控制在 5 ～ 15 分钟，这个阶段需要主播跟观众打招呼，抽奖发福利，跟观众友好互动，大概介绍一下直播间产品有哪些亮点。

在暖场期要准备好暖场话术、开场抽奖玩法、直播间整个卖品的大概介绍、本场直播间的大奖福利介绍等。

2. 正式售卖环节

正式售卖环节可以分为售卖初期、售卖高潮期、售卖结尾期，每个部分的时长可以根据自己直播间的情况做分配。

在售卖初期，重点还是慢慢抬高直播间的卖货氛围，让观众参与直播间的互动。在这个阶段很多直播间会抛出低价引流款，让观众积极发弹幕，在直播间中形成百人抢购的氛围。这样做让刚进直播间的人，一下子就能感受到直播间火热的氛围。人人都有从众心态和看热闹的心态，让新用户先停留，就能创造爆单机会。

直播间的售卖高潮期是卖货的黄金时段，一定要抓住时机。这时建议选择卖高性价比、价格具有优势的产品。也可以将高客单价和低客单价产品结合销售。

如果主播所卖的商品价格有绝对优势，可以将其他平台的商品价格截图打印下来，在直播间展示，打消消费者对价格的顾虑。对于价格敏感型观众来说，这一招非常有用。售卖的产品要高低价格相结合，满足不同消费能力的观众需求，把人留住。

在创造出高额的销售额时，可以发起抽大奖活动，刺激粉丝继续下单，拉高整个直播间的声势，让更多的人进入直播间，冲一波流量和销量。

一场直播下来，流量有高有低很正常。当卖货到了后期，直播间的流量开始下降，就进入了售卖结尾期。

在售卖结尾期时，用户开始感觉有点疲乏，此时可以用秒杀、免单吸引用户的注意力，拉高用户的下单率。同时，这个阶段还可以做潜力爆款的返场。

3. 结束环节

到了直播即将结束的时候，开始准备收尾工作，一般时长是 15 分钟。这个阶段可以再送出一点小礼品，回馈已经下单的观众。还可以为下一场直播做简单的预告，并且针对粉丝呼声很高的产品，告知观众可以下次能否安排返场。

另外，不要忘记最后引导粉丝关注主播直播间，强调每日直播时间，引导粉丝准时进入直播间。最后再次感谢粉丝的支持，跟粉丝告别下播。

以上就是一场直播大概的执行流程，根据这个流程分阶段来写大纲脚本，整场直播就会显得很有条理。

（二）直播脚本的撰写方法

直播“脚本”怎么写？脚本是什么？商品脚本是直播过程中把商品的优缺点、解决的问题、用户体验等一系列内容，按照一定逻辑撰写的话术。直播带货的商品脚本怎么写呢？

（1）引出话题。通过利益互动制造话题。

（2）提出痛点。每一种商品的存在都有它要解决的问题，能够解决问题的商品都有市场。

（3）建立信任。通过专业的产品展示，例如实验让观众对产品产生信任。

（4）产品卖点。介绍与同类产品相比本产品的优势等。

（5）植入产品。讲一下自身的感受、顾客的证言、前后收益对比、真实照片截图等，凸显用户使用体验。

（6）引导消费。介绍一下正当的消费理由、价格的优点等，引导观众购买。

（7）组合销售。通过组合优惠套餐、赠送产品、大额满减等方式，打动客户。

任务实施

通过对直播脚本分类与撰写知识的学习，王新对直播脚本的相关内容有了一定的了解。王新决定利用自己所学的知识来分析如何撰写一份直播脚本（以撰写服装单场直播脚本为例）。

第一步：解说商品时可以围绕尺码、面料、颜色、版型、细节特点、适用场合、如何搭配来讲，解说过程中要注意与观众进行实时互动，及时回答观众提出的问题。

第二步：一般来说，一件衣服的讲解时间在 2 ～ 3 分钟。要求主播选择录制直播看点时挑选核心卖点，以及观众最为关心的部分进行解说。

第三步：直播是动态过程，涉及人员的配合、场景的切换、道具的展示，前期在脚本上一定要做好标注，例如与运营配合修改库存的时机，过早设置无法充分调动观众的购物欲，过晚会让观众失去耐心，影响观众留存率。

王新拟撰写的服装单场直播脚本背景如下：一个女装品牌的实体店，直播是上新活动，基本上是每周都做，主要针对自己的老顾客，所以脚本可以像下面这样写。

（1）直播目标：每周上新活动，只是在每周上新的时候播一次，主要目的是维护老顾客，并激发老顾客的购买欲望。

（2）直播主题："春季时尚女装上新"或者"本周第一季度时尚款上新"。

（3）直播时间：因为不考虑公域流量，只做老客私域直播，所以只播 4 个小时，选择时间为 19:00 ～ 23:00。

（4）人员配置：配两个主持人，一个是主播，80% 的衣服都由她介绍，另一个是副播，配合主播介绍产品。配一个直播助理，完成后台上架产品、修改价格以及发优惠券等操作。

（5）营销活动：

1）主推产品：卖点、材质、颜色、尺码、价格、优惠活动（根据这几点编辑销售话术）。

2）秒杀活动：19.9 元秒杀、29.9 元秒杀（根据情况限量 20 ～ 100 份产品）。

3）抽奖活动：奖品为口红、时尚眼镜等（采取手机截屏方式抓取获奖用户）。

4）赠品活动：满 200 元送、满 500 元送、满 1 000 元送（赠品可以为店内产品，也可另外采购）。

（6）流程安排：

19:00 ～ 19:10：预热、打招呼、自我介绍、活动介绍、直播规则等。

19:11 ～ 19:30：介绍 1 号新品服装，然后做秒杀活动。

19:31 ～ 19:40：可以做一次截屏抽奖活动，大概控制在 10 分钟内。

19:41 ～ 20:00：介绍 2 号新品服装。

20:01 ～ 20:30：做一个优惠秒杀抢拍活动，控制在 10 分钟左右；活动结束后，介绍 3 号新品服装。

每半个小时做一次抽奖活动，按照轮次重复流程。

同步训练

任务描述：通过对直播脚本知识的学习，相信你已经基本掌握了直播脚本的撰写方法。为了更好地运用所学习知识，请你撰写一份服装整场直播的脚本（见表 5－9）。

表 5－9　服装整场直播的脚本

<table>
<tr><td>直播目标</td><td colspan="3">销售：8 万元　　吸引观众：1 000 人</td></tr>
<tr><td>直播人员</td><td colspan="3"></td></tr>
<tr><td>直播时间</td><td colspan="3"></td></tr>
<tr><td>直播主题</td><td colspan="3"></td></tr>
<tr><td>前期准备</td><td colspan="3"></td></tr>
<tr><td>时间段</td><td>总流程</td><td>主播</td><td>直播助理</td></tr>
<tr><td>8:00</td><td></td><td></td><td></td></tr>
<tr><td>8:10</td><td></td><td></td><td></td></tr>
<tr><td>8:15</td><td></td><td></td><td></td></tr>
<tr><td>8:30</td><td></td><td></td><td></td></tr>
<tr><td>8:45</td><td></td><td></td><td></td></tr>
<tr><td>9:00</td><td></td><td></td><td></td></tr>
<tr><td>9:10</td><td></td><td></td><td></td></tr>
<tr><td>9:20</td><td></td><td></td><td></td></tr>
</table>

任务评价见表 5－10。

表 5-10　任务评价表

评价内容	分值	评价		
		自评	小组评价	教师评价
直播主题	15			
营销活动	35			
总流程	50			
合计	100			

项目小结

通过本项目的学习，学生了解了选择主播的三种方法及选择主播的重要原则（选择主播一定要符合自己店铺特点或者商品特点），学习了直播主题规划的重要性及方法（在策划直播主题时，应该从自身产品的特点出发，结合其他店家的特点突出自己的优势，给用户一些实用的知识和技巧），学习了选择直播主题的四种方法。通过学习直播时间节奏，学生明白了如何把控直播时间节奏。通过对直播脚本的学习，学生了解了如何撰写直播脚本，知道了撰写直播脚本的基本流程和方法，以便在今后的工作中更好地适应直播岗位。

课后练习

一、填空题

1. 主播的选择方法有________________。
2. 直播的目的大致可以分为三类，分别是________________。
3. 直播脚本分为________________。
4. 确立直播主题的方法有________________。
5. 直播脚本的撰写流程分别是________________。

二、简答题

1. 如何进行直播主题选择？
2. 如何设定直播时间节点？
3. 如何利用噱头打造直播话题?

三、案例分析

案例 1

直播电商：微信直播三大案例分析

自蘑菇街、淘宝这两大电商平台开放了直播之后，各行各业掀起了一波直播浪潮，直播甚至成为零售行业最热门的营销模式。

快手、抖音等短视频平台在上线了直播业务后，曾经以“网红娱乐”为发展方向的主播们纷纷转型做起了“网红带货”，同时诞生了一批一线带货主播。

2020 年疫情期间，很多行业都不得不闭门停业。但在线上，直播卖货却发展得如火如荼，很多商家都依靠直播获得了比之前在线下更高的收益。因此，越来越多的企业、商家、实体店都想在这个极高收入的领域内分得一杯羹。

企业、商家、实体店可以通过哪些平台直播卖货？

（1）淘宝、蘑菇街等电商平台。

（2）抖音、快手等平台。

（3）微信直播、微信视频号、微信直播小程序。

哪些平台好？

前两类直播平台上，目前已经有了一大批企业、商家、个人主播，要想获取流量，难度非常大，通常需要花费大量时间、精力，同时还得投入一大笔资金。我们可以利用微信直播、微信视频号、微信直播小程序进行直播带货。

利用微信直播、微信视频号、微信直播小程序做直播带货有哪些优势？

（1）其他直播平台的侧重点是主播，对主播的依赖性非常高。但小程序直播更加侧重品牌，对主播的依赖性并不高，针对的是品牌商已有的私域流量池。

（2）微信拥有 12 亿流量，用户基数非常大，比传统带货平台更具潜力。

（3）其他平台都是由第三方运营并开发的，因此当你卖出一件产品之后，通常都会被抽走一笔高额佣金。但微信小程序是你自己开发并运营的，因此无论卖出多少件产品，它都不会抽取佣金。

（4）微信小程序可以植入丰富的营销插件，可以一键转发，分享给好友、微信群、朋友圈等，甚至还能通过手机短信的方式，吸引用户一键跳转到微信小程序中。因此，微信小程序的获客、引流能力比其他平台更强。

下面为大家分享三个成功转型微信直播的案例：

（1）梦洁家纺。

2020 年 3 月份，梦洁家纺开展了以“万人拼团抢工厂”为主题的小程序直播活动，由企业 CEO 李菁亲自进入直播间进行不同价格商品的推荐，直播 4 小时销售额破 2 500 万元。

（2）巴拉巴拉。

服装品牌巴拉巴拉为了助力新款，开启直播小程序，直降优惠，拉近了与观众之间的距离。

（3）雅诗兰黛。

知名化妆品品牌雅诗兰黛在商场柜台开启小程序直播间，直播过程中主播一边介绍商品一边向顾客推荐，通过优惠券活动以及礼品赠送，短短数个小时即吸引数千人观看，卖出了999瓶水乳。

案例2

董明珠直播带货案例分析

2020年6月1日，董明珠代表格力电器在网上直播带货，当天的累计销售额高达65.4亿元，创下了家电行业的直播销售纪录。

65.4亿元相当于格力电器2020年一季度营收（203.96亿元）的32%。这个成绩太惊人了。

而在一个多月前（4月24日）董明珠的直播首秀上，当天的销售额才不到23万元。

从4月24日到6月1日，董明珠一共做了四场直播。销售额分别是：22.5万元、3.1亿元、7亿元、65.4亿元。

这是怎么做到的？

有人说，其中不少都来自格力经销商的“刷单”。

情况真的是这样吗？

为此，我专门采访了一位格力经销商，来为我们独家揭秘董明珠直播背后的商业逻辑。

问：董明珠直播背后的逻辑是什么？经销商在其中扮演什么样的角色？

答：董明珠的直播带货，和李佳琦的直播带货背后的逻辑是不一样的。董明珠的直播带货，是由经销商在线下获得流量，然后由董明珠在线上直播间完成转化。

首先，大量的经销商会在线下用各种各样的方法聚集流量。比如，去周边小区摆个摊，你加我的微信，我就给你个桃子。以地推的方式把周围住户的微信都收集起来。等到董明珠做直播的时候，给这些用户发一个专属的二维码，用户就可以扫二维码进入董明珠的直播间。系统可以通过二维码来识别你是哪个经销商所带来的流量。

这一步非常关键，一旦用户产生购买行为，格力就能给相应的经销商分钱。

所以，董明珠的直播带货，本质上是直播分销的逻辑。经销商的价值是引流，而直播间的价值是转化。转化成功之后，给经销商分钱。从经销商引流，到直播间转化，这其中还有很多促进转化的小活动。比如，膨胀金。参加直播之前，你先给经销商付9.9元，在直播间购买的时候，这9.9元就可以当50元、100元来抵用。如果直播的时候你没有购买，这9.9元就不退回了。这就相当于提前把那些有购买意愿的人筛选出来，活动的转化率就会更高。

在没有互联网之前，这样的游戏在线下其实已经非常成熟了。现在只不过是把这些线下活动直接搬到了线上。

问：那怎么给经销商分钱呢？

答：假如一个空调，经销商的进货价是2 800元，全国统一的零售价是3 500元。在一线城市，因为竞争激烈，有时做活动最低会卖到3 200元。那董明珠的直播间卖多少？大概比3 200元再低10%，卖2 900左右。比经销商的进货价要高一点，比线下最低的零售价要低一点。

在直播间成交之后，格力总部会通过二维码来追溯，每个经销商带来了多少流量，产生了多少销售额，然后给各地的经销商分钱。

比如，一家经销商带来的用户购买了1 000台空调，销售额是290万元。格力总部就直接打给他290万元。这1 000台空调，还是由他发货和售后。290万元扣除进货成本，剩下来的就是他的利润。这是经销商分到的第一笔钱。

除此之外，还有第二笔钱。

很多用户，并不是通过经销商的二维码进直播间的，而是通过格力的官方宣传等其他方式进来的。这样的用户产生购买行为，格力会根据用户的收货地址，把订单分配给对应区域的经销商。这些用户不是经销商带来的流量，所以这个时候经销商赚不到差价。但是他们可以赚到一笔服务费。比如，安装一次空调的服务费是200元，扣除工人成本100元，经销商还能赚到一些差价。这是经销商分到的第二笔钱。

问：那经销商愿意以这种方式和格力合作吗？本来都是你区域内的用户，在线下卖是3 200元，而在直播间卖是2 900元，你赚到的差价不就更少了吗？

答：经销商是愿意的。因为平时在线下卖，不一定能聚集这么多流量。虽然每一件的差价少了，但是因为数量多，薄利多销，赚到的利润就会更多。所以大部分经销商都愿意来做这件事。

思考：

1. 根据案例1分析，用微信直播、微信视频号、微信直播小程序做直播带货有哪些优势？

2. 根据案例2分析，董明珠直播带货成功的原因。

四、拓展阅读

直播脚本的5个要素

一、确定直播目标

在一场直播之前，要提前预估本场直播的效果，比如会有多少观看量，会有多少点赞量，进店率是多少等。提前对数据进行规划，会使直播的目标性更强，也更方便直播结束后进行复盘总结。

二、明确团队分工及配合

每一场成功的直播是每一位员工合力协作的结果。比如主播要介绍产品，突出卖点；助理要协助主播来突出卖点，还要和观众进行互动，回复用户的提问；后台的运营人员要修改价格，上下架产品等。

三、定好直播时间

建议新手主播每天在固定的时间段里开启直播，这样才能使粉丝养成观看你直播的习惯，可以每天定时定点找到你。直播时间结束要准时离场，及时预告下一次直播的时间和品类，为下一场直播预热。

四、定好直播的主题

主题是直播的核心，建议一场直播只围绕一个主题进行，比如周三是美妆直播，周五是零食直播，那主播就会越来越得心应手。反之，如果在一场直播中一会儿卖护肤品，一会儿卖手机，一会儿卖零食，就会打乱直播节奏，也让粉丝抓不住销售重点。

五、直播脚本流程具体到分钟

通用版的直播的脚本流程设计如下：

（1）0～5分钟，开场 / 聚人。

这个时间段，主要就是和粉丝拉近关系，同时为正式直播卖货做准备。在这个时间，可以做3件事：

1）和粉丝聊家常，快速拉近主播与粉丝的距离。

2）抽奖，快速炒起直播间的热度。

3）包装渲染产品，引发粉丝的好奇心。

（2）6～7分钟，留客。

正式的直播马上就要开始了，需要想办法把粉丝留在直播间里。此时可以宣传本场直播的大促销。比如今晚要抽3波红包、买1送1，送限量口红，送定制手袋……尽量留住粉丝。

（3）8～12分钟，锁客。

在这个时间段要描述产品的使用场景并试用产品，要把自己的使用感、产品的最大功能说出来，让粉丝对产品产生兴趣。

（4）13～16分钟，背书。

在这个时间段可以展示产品的各种证书、网友好评、过往销量截图、名人口碑推荐、官方获奖记录等，一定要让用户觉得产品非常值得购买。

（5）17～22分钟，说服。

详细介绍产品的主打功效、使用人群、价位、成分、包装、促销方式、和竞品的对比等。要让用户全方位地认可产品。

（6）23～27分钟，促单。

这个时候宣布价格，一定要让用户有“占便宜”的感觉，觉得今天买太超值了，不买就亏了。促销政策也要加大宣传力度，比如前100名下单加送同款、现金返还、随机免单、抽奖、七天无理由退换等，要刺激用户马上下单。

（7）28～30分钟，逼单。

不断地提醒用户销量，营造“货物很抢手，不买就没了”的气氛。比如可以每次只上1 000件商品，等抢购完继续上链接，不停地制造“现在不下单就抢不到”的焦虑感。

项目六

直播的全方位配合

情境介绍

王新在直播间学习已经有一段时间了，最近也尝试了多场直播带货的操作，在直播实操的过程中，王新感受到直播从来都不是一个人的事情，而是一个团队的工作，需要有准备、有沟通、有配合，所以王新计划开始学习直播配合的相关知识。

学习目标

知识目标

1. 了解直播配合的作用和意义。
2. 理解直播与店铺设置的配合。
3. 理解直播与客服之间的配合。
4. 理解直播与中控台的配合。

技能目标

1. 学会通过店铺营销方式配合直播间预热。
2. 学会调动直播间氛围。
3. 掌握客服沟通技巧，配合完成直播活动。
4. 明确中控台与直播之间的配合设置。

思政目标

1. 培养团队意识，提升合作能力。
2. 提升对直播活动的正确认识，明确直播全方位配合的重要性，培养工匠精神。
3. 培养策划活动的能力，提升人际交往能力。

任务一 店铺设置配合

任务导入

工作室进行了一场直播，但是效果不是很好，经分析是前期的预热出现了问题，即宣传不够到位。老师让王新分析一下，该如何设置店铺海报，为直播进行宣传。王新为自己制订了学习单，用以梳理海报与直通车配合相关知识（见表 6－1）。

表 6－1 学习单

学习项目	关键词
海报配合	促销海报
直通车配合	设置直通车

知识探究

直播预热是直播引流的重要手段，一方面可以让店铺的老顾客获得直播活动信息，另一方面则可以吸引新顾客进入店铺了解你的商品，然后转化为直播间的流量。所以在直播的前期要做好店铺的推广设置，以配合直播，引进流量。

一、海报配合

直播促销海报会在一定程度上影响最终的流量转化，应将海报放在店铺的首页位置，为进店的消费者提供直观的图片信息，明确告知消费者店铺正在举办什么促销活动。

（一）明确主题

直播活动的主题是直播促销海报宣传的核心，因此在制作海报之前，要明确直播的主题内容和主打商品，统一所有的预热文案和预热信息。

首先，海报设计要把促销信息放在中间位置，达到加深第一印象的效果，突出重点内容，让消费者能直观地看出本次直播的核心内容是什么，判断是否值得期待，这样才能达到有效的传达效果。

其次，海报的主题设计与海报的整体色调要呼应，颜色的传达力要大于文字，所以颜色的使用一定要紧扣主题。海报所使用的颜色不能过于鲜艳，主要颜色不超过三种。例如，开学季主题，在选择色彩时可以选择绿色、蓝色、白色等纯净、干净的颜色进行搭配，体现学生青春活力的特点；如果是奢侈品主题，则可以选用暗红色、紫色、黑色等，凸显高贵、沉稳的气质，展现低调又不失华丽的美。直播间海报，如图 6－1 所示。

图 6－1　直播间海报

（二）突出人物

人物比任何物品都更具吸引力。在直播营销活动中，主播具有一定的个人魅力，可以影响整个直播间的流量，所以在制作海报时要把本次活动的主播添加进去，让海报能在主页中脱颖而出。在直播促销海报中添加人物元素时，需要注意以下两点：

（1）注意人的视线停留习惯。一般的消费者都习惯从上到下或者从左到右看图片，同时也要考虑人体结构，即一般的人物照片都是站立拍摄，在海报中放置的位置就不适合上下结构，这时就要考虑左右结构，所以，人物照片比较适合摆放在海报的左侧位置。

（2）不要让人物喧宾夺主。海报的宣传主题是商品，所以在添加人物元素时，要考虑促销商品和促销信息的位置，即在选择人物图片时尽量不要选择大头照。可以选择“人物＋商品”的形式来突出产品信息，让人物和商品结合在一起。

当然，也存在一些特殊情况，比如许多直播间会邀请明星等作为嘉宾，为产品背书，这时就要重点突出明星效应，扩大明星在海报中所占的区域，一般占海报的三分之二比较合适。

（三）促销直播时间

在促销海报中要注意设置直播时间，其作用是可以为客户营造一种“紧迫感”，从而提高转化率。但在设置“促销直播时间”时要讲究一定的技巧（见表6－2）。

表6－2　促销直播时间设置技巧

促销直播时间	设置技巧
倒计时	可以针对消费者的心理特点，采用倒计时的形式，让消费者产生紧迫感，感觉到直播活动即将开始，从而高度重视卖家的营销活动，产生机不可失的感觉。
节假日	节假日一般是休息日，也是产生高流量的时候，所以在设置时间的时候可以利用人们关注节假日的心理特点来重点强调。
整点、整数	一般来说，人们比较容易记住整点、整数，所以直播时间尽量选择在整点时间，直播日期最好选择比较容易记的整数日期，例如，10月10日晚21:00开启直播。在宣传海报上也一定要突出整点、整数的时间信息，不要设置为几点几分钟等不易记忆的时间。
新品推广	新品上市时间在海报中可以重点强调，同时可以结合预售时间配合销售。预售期间可以设置抢购礼品券等活动，从而分层宣传所主打的新品，加深消费者对活动时间的印象。

（四）装饰元素

在确定海报的总体布局后，还可以添加一些与活动主题相关或者与直播间风格相关的装饰，让海报与直播活动的联系更紧密。例如，在“潮品日”直播主题的预告海报中，可以加入流体金属、细线网格等潮流元素，还可以使用一些流行音乐和街头时尚等视觉符号，让设计更符合“潮”的特点，从而更好地吸引观众。也可以利用节日特色，例如，春节的灯笼、端午节的龙舟等为海报的设计增添一定的感情色彩，但是要注意添加的内容不能过多，否则会使海报的设计风格变得混乱，弱化主体商品信息的传播效果。

（五）文字设计

文字是海报设计中非常重要的表现元素，文本的字体、编排、大小都会直接影响版面的视觉效果。直播促销海报文字一般安排在版面的上下两侧，主题位置的字体可以选择视觉表现力更强的字体，如粗体、立体字、轮廓字等，选择契合主题风格的艺术字体能更好地提升促销效果。

副标题的文字信息比较多，包括直播时间、产品信息等，对于这部分文字的组织要注意主次分明和编排形式统一，例如，可以选择相同的字体或者对齐，通过符号或者颜色来区分重要信息（见图 6－2）。

图 6－2　文字海报

二、直通车配合

直通车是传统电商运营中最大的推广渠道。在以前使用直通车推广时，都是根据单品设定的，所以店铺的推广策略以单品爆款推广为主，现在直通车增加了直播推广功能。在直通车中推广直播间，以往在点击主图图片时会直接跳转到详情页，但是直通车增加了直播推广后，点击主图图片就会跳转到直播间，同时在图片上会显示“直播中”标识，标识旁边会显示直播的观看人数，突出人气流量（见图 6－3）。

点击主图进入的页面是可以进行设置的，可以选择正在直播的直播间，也可以选择与主图呼应的直播片段（见图 6－4）。进入直播间后还可以设置弹出界面，如可以设置让进入直播间的消费者先抢券再看直播。直播结束后，还可以继续推广，左上角的文字会从“直播中”转变成“直播讲解”。

图 6－3　直播中

图 6－4　商家精选

需要注意的是，只有直通车智能推广计划中的商品，才能添加到直播推广中，如果商家想要推广的商品还没有上架，就需要先将商品上架，放置一段时间后，获得相应的数据累计，才能为直播间更好地引流。即历史数据能帮助直播推广，进一步加速引流。以淘宝为例，若商家在直通车后台的直播推广中不能添加相应的商品，可能是因为没有在淘宝直播后台添加，需要在淘宝直播后台做相应的设置，再到直通车中设置推广。具体设置步骤如下：

第一步：从直通车后台进入“推广”，找到“直播推广”，点击“新建直播推广”（见图 6－5）。

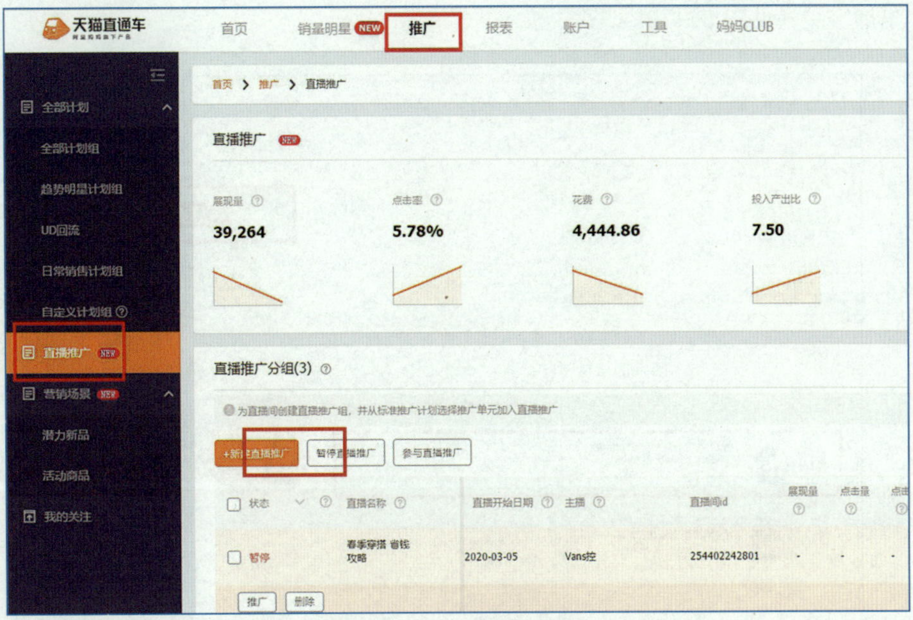

图 6－5　添加直播推广

第二步：选择直播间进行投放设置，点击“选择直播间”按钮，选择店铺内的直播间。可以选择已经结束的直播间，也可以选择即将开始的直播间，一次只能选择推广一个直播间，同时只能推广一个商品，如果需要推广其他商品，就需要重新建立一个推广计划（见图 6－6）。

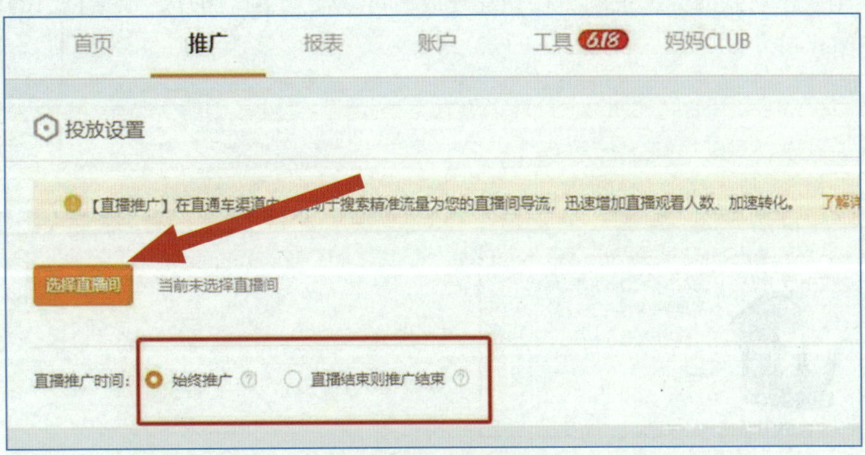

图 6－6　选择直播间

“直播推广时间”可以选择“始终推广”，选择这一项，不仅直播前可以进行预告宣传，直播结束后也可以通过链接进行回放，即不论是否在直播时段都可以进行推广。“直播推广时间”还可以选择“直播结束则推广结束”，即只在直播时间段进行推广，两者只能选择其一。

第三步：单元设置，是指从推广计划中选择推广单元加入直播推广，点击“添加推广单元”添加宝贝（见图 6－7）。

图 6－7　单元设置

第四步：创意预览。在新建的直播推广流程中，目前默认使用创意主图也就是直播推广浮层，是大家看到的推广主图，在新建完成后可以任意更换图片，根据自己的创意设置主图（见图 6－8）。

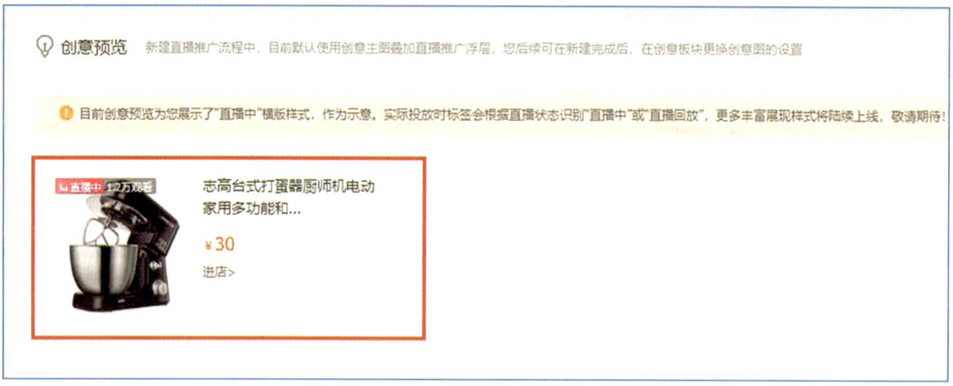

图 6－8　创意预览

第五步：设置推广方案，在推广方案中可以设置以下三个内容：（1）设置“直播溢价”，是指商家在直播时段设置的单独溢价，仅作用于直播推广投放生效的时间段，对推广单元内的所有关键词均有效。（2）设置“直播引流词包”，是指为直播推广提供的智能化动态引流词包，帮助商家在直播推广时段内，尽可能多地为推广宝贝购买相关流量包，加速提高直播观看人数。(3)设置“直播推广人群”，是指系统自动根据所推广的宝贝，选择相应的推广人群，帮助商家在直播推广时段内进行推广，这种形式可以提高直播间的引流效率，提升观看人数（见图 6-9）。

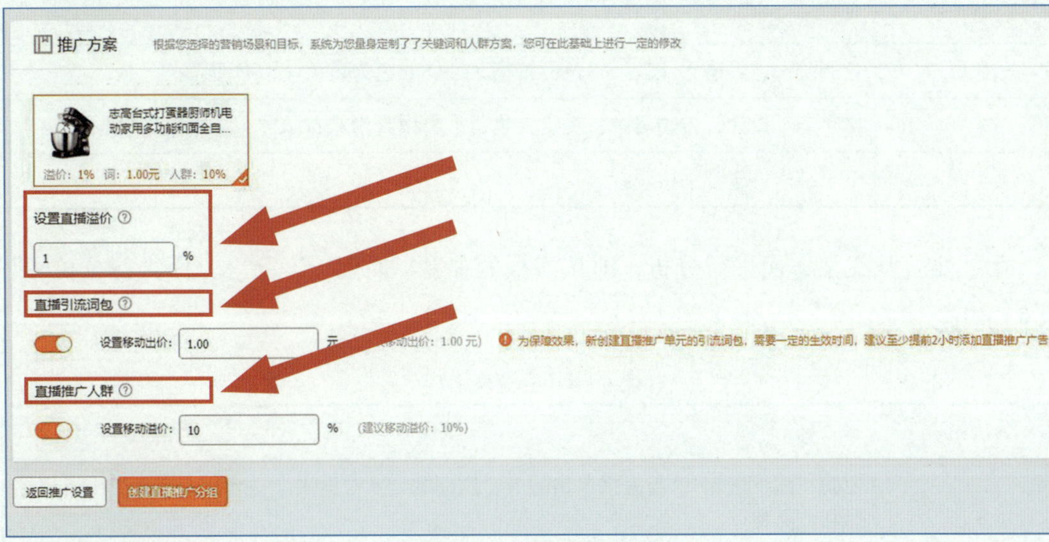

图 6-9 设置推广方案

任务实施

通过对店铺设置配合的学习，王新已经基本了解了直播与店铺基本设置之间配合的重要性，他准备从色彩、构图等方面分析图 6-10 所示的直播营销海报。

图 6-10 直播营销海报

第一步：从设计方面进行分析，即从海报色彩、排版、构图等方面进行分析（见表 6－3）。

表 6－3　分析表（1）

分析内容	要点
色彩	色调统一，舒适感比较强，色彩鲜艳，字体颜色为黄色，干净明亮。
排版	文字上下设计，人物居中，突出人物，人物设置为左右结构，与竖版海报匹配。
构图	上下结构，适合手机观看。

第二步：从文案方面进行分析，即从海报的主题、时间、产品等方面进行分析（见表 6－4）。

表 6－4　分析表（2）

分析内容	要点
主题	主题“国货之光”，与海报风格呼应；副标题“乡村振兴　一起向未来”突出海报主题和产品特点。
时间	直播时间放在了重要位置，明确时间设置。
产品	主打产品与人物一起形成“人物＋商品”，茶叶销售搭配古韵风格点缀，突出“国货”主题，与产品呼应。

同步训练

任务描述：为了巩固直播与店铺设置配合的相关知识，请你分析表 6－5 中所示的推广工具。

表 6－5　推广工具分析表

推广工具	掌握内容	操作环节
钻展推广直播	全店竞价推广 创建直播推广 钻展直播推广创意 落地页特色	
超级推荐推广直播	确定营销场景 自定义计划 创意模板	

任务评价见表 6－6。

表 6-6 任务评价表

评价内容	分值	评价		
		自评	小组评价	教师评价
海报设计	20			
海报配合	40			
直通车配合	30			
推广理念	10			
合计	100			

任务二 ▶ 客服配合

任务导入

王新了解到直播间内工作人员的配合很重要。客服是直播幕后工作的重要人员，他们直接接触顾客，解答顾客疑问，传递产品的发货、退换货等重要信息，可见，客服需要具备很强的专业性知识。工作室老师让王新去体验一下客服工作，学习客服人员应如何配合直播间的销售工作。王新为自己制订了学习单（见表 6-7），用以梳理客服岗位职责等相关知识。

表 6-7 学习单

学习项目	关键词
客服岗位职责	熟悉产品、及时沟通
客服工作内容	接待客户、处理订单
客服沟通技巧	问候语、沟通技巧

知识探究

客服的工作对整场直播起着重要的作用，直播客户服务主要包括解答直播间内观众对产品的咨询、处理订单等服务，还包括物流及售后追踪，售后退换货处理等服务。

一、客服岗位职责

无论是传统网络销售还是直播销售，客服都是销售的强大后盾，也是与顾客沟通的重要桥梁，尤其是在直播销售环境中，其作用更是不可或缺。具体而言，其工作职责如下：

（1）熟悉直播商品的信息，能够洞悉买家需求，掌握一定的沟通策略，能够向买家准确描述商品的卖点与优势，注意口径要与主播一致，配合主播的讲解。

（2）能够热情、耐心、高效、准确地回答买家提出的与产品有关的问题，具有良好的心理素质，语气要热情，要换位思考，不能拒绝回答买家提出的问题，树立服务周到、值得信赖、专业贴心的客服形象。

（3）如果不能解决买家提出的问题，应及时与同事沟通寻求帮助，并向上级反馈。

（4）商品备注要及时、准确，主动与买家核对购买信息，确保购买信息的准确性，如有问题要及时跟同事沟通，承上启下，做好配合工作。

（5）在买家需要推荐商品时，要根据买家需求耐心地为其推荐商品，并附上链接以方便买家点击查看。如果买家咨询优惠活动，也要为买家热情地推荐所有的优惠政策，以供买家选择。

（6）要注意语言表达尽量使用专业话术，语言具有亲和力，让买家觉得贴心、舒适。

二、客服的工作内容

客服是一个发挥着承上启下作用的岗位，既需要与主播配合，与运营沟通，也需要与物流对接，所以客服涉及的工作内容比较多，这需要客服人员具有较强的业务能力与综合素质。

（1）熟悉产品。客服需要全面了解直播所销售产品和店铺内的其他产品，掌握其特性、材质、型号、功能、使用方法、注意事项等。

（2）接待客户。配合主播完成每场直播活动，处理售后问题，对客户提出的问题要及时反馈。

（3）了解库存。店铺中显示的库存可能与实际库存存在差异，客服必须及时了解实际库存情况，并将相关情况及时反馈给主播和中控，防止出现客户下单后无法正常发货的情况。

（4）向买家核对订单。大部分情况下买家下单的信息都是正确的，最容易出现的错误就是地址的错误，所以客服要及时与买家确认购买信息，如需修改应及时帮助更改，这样可以大大减少物流压力。与买家核对订单时，可以告知买家商家使用的快递公司，如果客户需要加急或者对所使用的快递公司存在意见，可协商更换。

（5）修改订单备注。有时因为买家临时改变想法或是有什么特殊要求，可能会导致订单信息发生变化，特别是定制类商品，要与买家沟通确认备注信息，并录入订单中，以减少顾客的退货率。

（6）发货通知。订单发货后，可以向买家发送信息告知已发货，提醒买家可以随时查看物流进度并且注意收货，这些细节可以提高买家对商家的好感。有的顾客下单后没有及时付款，客服可以在适当的时间提醒买家及时付款。

（7）引导买家评价。交易完成后，客服可以通过赠送代金券或者是积分及返现的方式让买家关注店铺，分享购物体验，对商品给予积极评价。

（8）售后处理。当买家反馈商品问题时，要仔细询问问题细节，取证拍照，然后给出解决方案。如遇到买家差评，要注意沟通语气，不要一味地要求删除差评，而是应该真诚地向买家表示歉意，并提出满意的解决方案，最后要将问题整理存档，反馈给厂家，避免此类问题再次发生。

（9）学习使用工具。利用软件可以提高工作效率，特别是在直播活动过程中流量比较大的情况下，客服压力也会增加，此时使用智能系统就可以提高信息的回复率。

三、客服的基本话术

（一）开头语及问候语

客服应勤用礼貌用语，多对客户使用“您好”“请”“对不起”“谢谢”“再见”等礼貌用语，在沟通过程中让客户感受到自己的礼貌。

（二）沟通内容

客户成功下单后需要及时与客户核对订单信息，确认收货地点、姓名、电话等，还可以向客户做开箱验货、产品的使用方法等温馨提醒，让客户感受到客服的关心。

客服需要全面地了解产品，客户咨询产品的专业问题时，能有条理地解释产品的使用方法。如果是产生退换货情况，客服需要耐心地向客户提出解决方案，不能长时间不回信息，要尽量满足客户的需求，从客户的角度出发解决问题。

（三）抱怨与投诉

客户的抱怨或者是投诉都意味着客户对产品不满意，此时，客服不应着急撇清关系、推脱责任。首先客服人员应该安抚客户的情绪，承诺会好好地了解事情的经过，让客户不要生气，倾听客户的抱怨，然后抓紧时间解决问题。

（四）建议与表扬

客服需要积极接受客户提出的批评与建议，吸收客户的建议，提升自己的服务质量；谦虚回应客户的表扬。

任务实施

通过学习客服工作方面的知识，王新已基本掌握了客服的工作方法，他决定实际运用一下客服销售话术，提高实战能力（见表 6－8）。

表 6－8　客服销售话术表

设定情景	回答方式
顾客纠结不定，有购买意愿	“请问您是想选择红色款？还是黑色款？”还可以问，“请问您想选择套餐一还是套餐二呢？这两个选择性价比都很高”。
顾客决定买商品，但还有很多细节问题	“亲，还有什么需要帮您解答的？”了解顾客需求，从顾客角度解决问题。
顾客对产品质量存在顾虑	“您可以先买一次试用一下，如果觉得还可以再来下单。”诚恳的态度是很重要的。
顾客犹豫不决，衡量利弊得失	“您可以再考虑一下，不着急下单。”给顾客更多空间思考。
顾客想购买的产品没有了	“非常抱歉，这款杯子现在有粉色、白色、紫色三种颜色，您想选择哪种颜色呢？”不要直接说没有。
时间较长还没有下单	“您好，如果您对这件宝贝还比较满意的话，就速速购买吧！”帮助顾客尽量确定下单。
顾客已经决定不购买了	“您既然来到了我们店铺，说明您对我们的产品是感兴趣的，您可以说一下是什么问题没有购买吗？您的宝贵建议是我们提升的机会。”诚恳地向顾客询问自己的不足之处。

同步训练

任务描述：请根据所给情境列出你学到的沟通话术（见表 6－9）：

表 6－9　任务指南

岗位	沟通情景	沟通话术
售前客服	打招呼	
	回答问题	

续表

岗位	沟通情景	沟通话术
售前客服	推荐产品	
	议价	
	结束语	
	跟进顾客	
售后客服	订单信息确认	
	发货通知	
	跟踪回访	
	好评回复	
	差评处理	
	质量退货	

任务评价见表6-10。

表6-10　任务评价表

评价内容	分值	评价		
		自评	小组评价	教师评价
客服沟通	30			
话术技巧	30			
客服配合	40			
合计	100			

任务三 ▶ 中控台配合

任务导入

工作室老师为了让王新更多地了解直播配合的重要性，又给王新布置了新的任务。他让王新了解在直播过程中应如何与中控台配合，中控台具体应如何设置等。王新为自己制订了学习单（见表6-11），用以梳理中控台的基本配合等相关知识。

表 6－11　学习单

学习项目	关键词
中控台的基本配合	录制、发布公布
中控台的基本操作	后台操作、工具操作
场控运营的基本作用	调节气氛、维持秩序

知识探究

直播过程中，幕后工作十分重要，一个好的幕后团队要能与主播紧密配合，做好产品整理、中控台的配合、基本场控运营等工作，其中特别需要注意的是中控配合，该项工作需要具备极强的反应力，操作要熟练，能随时配合主播进行现场调整。

一、中控台配合的主要内容

（1）协助录制商品讲解视频。中控人员需要对每一个产品讲解的看点进行标记，方便对产品有兴趣的顾客或者后面进来的客户在观看回放时，能随时看到标记。

（2）抽奖统计。如果设置了主播抽奖环节，中控人员要记录中奖者名单，及时做好统计并反馈给客服人员。

（3）添加优惠券。主播会不定时地为大家派送优惠券，这个时候中控人员要提前做好准备，将店铺中设置好的优惠券链接复制过来，发送给“粉丝”，同时也要注意根据主播的要求随时进行调整。

（4）关注卡片。每场直播都需要设置卡片功能：弹出卡片并让客户关注，以提高主播和直播间的关注度。

（5）公告发布。公告是商家根据买家需求设置的，如有需要公告的内容，中控人员需要设置并发布公告。

（6）自动回复。中控人员可以设置一些常用的回复语，当买家咨询时，系统可以自动回复。

（7）关禁闭室。如有“粉丝”在直播间内发表负面或者不良言论，可以将其账号添加到禁闭室（拉黑），这样用户就不能发言了。

总之，中控人员需要充分关注直播进程，尤其是要配合主播的相关工作，他们是主播的重要搭档。

二、中控台配合的基本操作

进入中控台一般需先登录千牛卖家工作台，然后找到左侧的“营销中心”（见图6－11）。

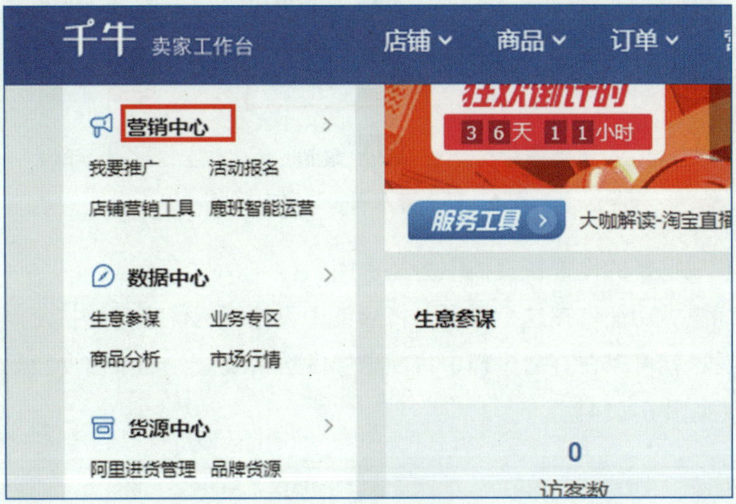

图6－11　营销中心

点击“店铺营销工具”（见图6－12）。

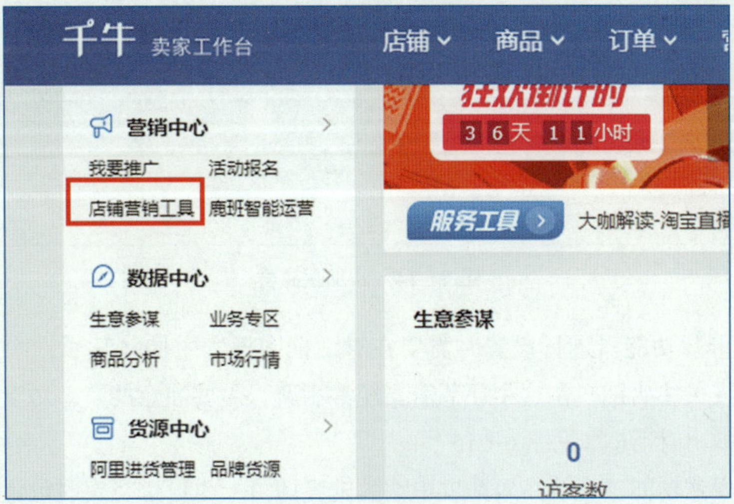

图6－12　店铺营销工具

进入营销工作台，下拉页面，然后点击“查看全部工具”，在其中找到“淘宝直播”，点击即可进入中控台（见图6－13）。

图 6－13　进入淘宝直播中控台

中控台有几项重要的设置在直播中会经常用到：

（1）添加优惠券功能。在这个界面可将店铺中设置好的优惠券链接复制过来，在适当的时候，点击发送就可以在直播过程中将优惠券发送给观众。如果需要自动发送，设置好发送时间即可（见图 6－14）。

图 6－14　添加优惠券

（2）关注卡片功能。进行设置时需要在对话框中搜索主播旺旺号，添加后就可以提醒观看直播的人关注店铺，在这个环节需要经常刷新。需要注意的是，对于已经关注的用户，不会再次弹出对话框（见图 6－15）。

（3）公告发送功能。直接在对话框中输入内容即可，也可进行定时设置，如在需要调动直播间气氛的时候，或者配合主播的活动推出时间进行设置。例如，上架倒计时、红包雨的发送时间、关注后有什么样的优惠等都可以进行公告发送（见图 6－16）。

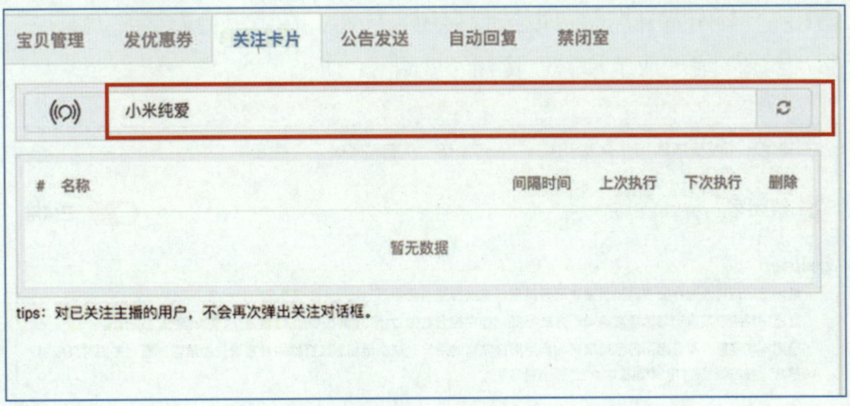

图 6－15　关注卡片

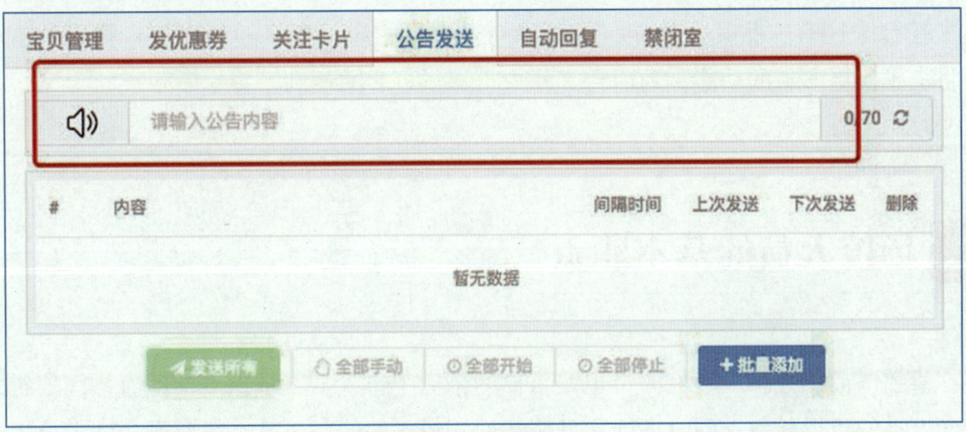

图 6－16　公告发送

（4）自动回复功能。将用户经常问的问题进行梳理，设置统一回复，可以减少主播和客服的压力，或者对已经上架的宝贝进行关联设置，直播间内的观众在提到相关产品时也可以收到自动回复（见图 6－17）。

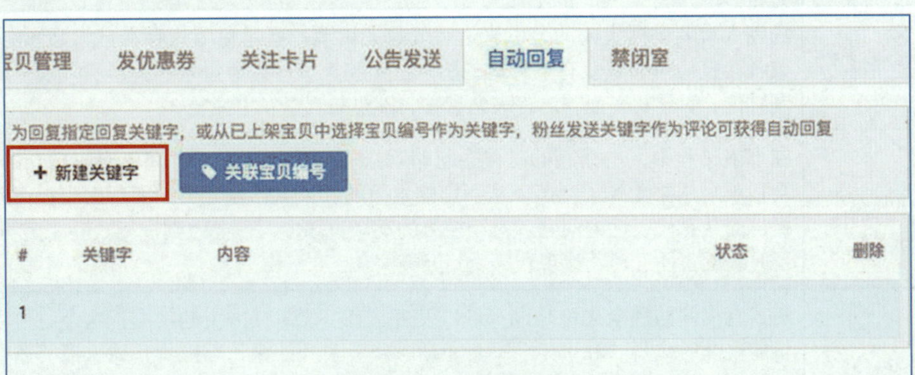

图 6－17　自动回复

（5）禁闭室。禁闭室开启后可以选择启用和停用，在中控台右侧“大家说”面板中可以直接点击“禁言”或“取消禁言”按钮（见图 6－18）。

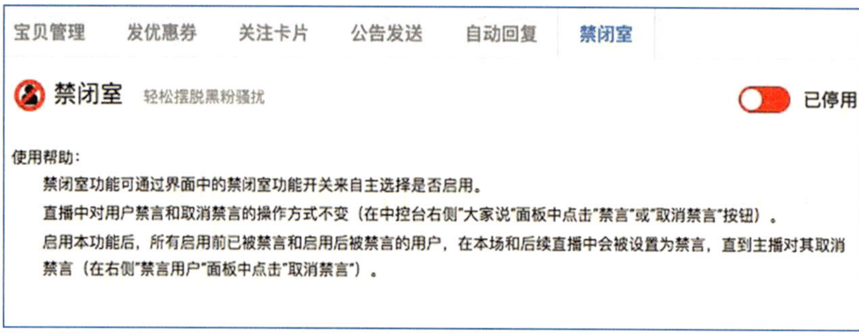

图 6－18　禁闭室

中控台中还有一些其他功能，也可以对其进行相应设置。随着中控台技术的不断更新，将会推出更多新的功能，为后台工作人员提供更多的便利。

三、场控人员的基本职责

在直播电商团队中，场控人员也是重要的幕后工作人员，承担着活跃直播间气氛，加强粉丝互动的重要任务，同时还能帮助主播回答粉丝的问题。站在粉丝的角度去分析产品更加具有说服力，如果出现不好的言论的时候也可以及时地调整站位，发表正面言论，做好引导工作。场控人员的基本职责见表 6－12。

表 6－12　场控人员的基本职责表

场控人员的职责	重要内容
调节气氛	场控人员要根据主播的节奏来进行气氛的调节，要避免因为存在感太强影响主播，或者让直播间的观众有不舒适的感觉。场控人员可以通过发送弹幕引导观众进行话题讨论，引导要正面，语言表达和善，不要与观众发生冲突。
陪伴观众	在直播过程中，主播有的时候会忽略观众的一些问题，长时间不回应观众的问题，会让观众感觉受到了冷落，从而影响直播的效果。场控人员需要帮助主播回答观众提出的具有代表性的问题。对于核心的观众，场控人员要做到进场欢迎、离场欢送、及时提醒主播互动，让观众感受到温暖。
维持秩序	进入直播间的观众无论是谁都可以发言，有可能出现冲突的情况，这个时候场控人员需要及时化身“和事佬”平息矛盾，或者引开话题，不影响整体直播。还有可能出现“黑粉”或者是“水军”到直播间捣乱，场控人员需要及时出手找出是谁在“捣乱”，并通过中控台做关禁闭处理。

续表

场控人员的职责	重要内容
反馈信息	每场直播结束后都会进行复盘，场控人员会参与整场直播活动，关注主播的全程表现，复盘的时候可以反馈直播过程中存在的问题，从观众的角度反馈问题是很直接和客观的。

任务实施

通过对中控台的学习，王新体会到了配合对直播的重要性。中控台可以控制直播过程中出现的问题，配合主播操作，王新准备对中控台进行实际操作。

第一步：进入中控后台，进入互动面板。

第二步：对互动面板的内容进行设置（见表 6－13）。

表 6－13 设置中控台相关项目

项目	操作
红包	设置直播红包，面额 2 元，发放量 100 个，设置领取时间为当前时间，设置使用期间为当天。
优惠券	设置优惠券，“优惠券 10 元，满 100 元可用”；设置领取条件为“粉丝用户”。
设置公告	设置公告内容为“欢迎各位仙女们，点点关注不迷路。”
粉丝推送	每天 8:00 至 23:00 会推送一条信息给每位用户。

同步训练

任务描述：请你扮演后勤运营团队成员，分析中控台应如何配合主播进行直播并填写分析表（见表 6－14）。

表 6－14 直播工作分析表

操作内容	分析
开播与关播	
直播间排品	
直播后台操作	
新建“小号”互动	
团队复盘	

任务评价见表 6－15：

表 6-15 任务评价表

评价内容	分值	评价		
		自评	小组评价	教师评价
直播前的运营准备	20			
中控台的操作	50			
场控的互动	30			
合计	100			

项目小结

本项目从直播间的店铺设置、客服、中控台几个方面进行讲解，让学生了解了直播间配合的重要性。配合是非常具有团队意识的表现，学生在学习过程中尽量以团队模式进行学习。直播团队的搭建是为了更好地完成直播，每个人在直播环节中都具有重要的任务，只有做好承上启下的工作和幕前幕后的配合，才能完成每一场直播。直播不是一个人的事情，是从直播前到直播中到直播结束的全程配合，直播是店铺运营的重要手段，它决定着销售的情况，更会影响店铺的宣传和推广。直播配合是运营团队需注意的细节，注意细节才能让店铺有好的口碑。

课后练习

一、填空题

1. 直播促销海报设计需要注意______________________等元素。

2. 客服的岗位职责：要保持对直播商品信息的熟悉度，能够洞悉买家需求，掌握一定的________，能够向买家准确地描述商品________，口径需要与主播一致，配合主播完善讲解。

3. 客服的工作包括______________________、引导买家评价、售后处理、学习使用工具等重要内容。

二、简答题

1. 直播客服的岗位职责有哪些？
2. 中控台的基本设置有哪些？

三、案例分析

案例 1

本次进行的是小家电直播，产品为蒸蛋器、保温饭盒、热奶器等，请各位同学认真了解产品，观察图片中的直播间搭建（见图6－19）。

图6－19　虚拟背景直播间

思考：虚拟背景直播间的优点有哪些？

案例2

直播间的搭建也是需要技巧的，请观察图6－20所示的直播间的布局、背景选择、直播的产品、直播间的风格设计（见图6－20）。

图6－20　实景直播间

思考：在直播间的搭建过程中需要注意哪些环节？直播过程中，需要做哪些配合工作？

案例 3

直播间海报的设计是直播宣传的重要手段，从人物照片的拍摄选择，到文字的搭配，再到海报的色彩设计，都要符合本次宣传的主要目的，展现出重要的信息，请你仔细观察所给海报（见图 6－21）。

图 6－21　海报

思考：案例中海报设计的优点有哪些？缺点有哪些？

四、拓展阅读

直播带货话术案例

直播日趋火热，当你进入直播间时，你会发现自己原本只是来看看，却不知不觉被带入氛围，忍不住在直播间买买买。这很大程度上是因为主播“能说会道”！直播带货产品质量重要，主播的话术也很重要，这两个都是影响直播间转化率的核心因素。

（一）互动

具体话术：

欢迎所有刚刚进入直播间的粉丝，大家都不要走，今天是我们品牌的福利专场，每个整点、半点都会有抽奖活动，今天给大家上架的都是福利爆款，而且今天的优惠都是限时限购的，所有产品都是官方直接发货，正品保证，七天无理由退换，所有直播间的粉丝赶紧给主播点点关注，成为粉丝就会有更多的粉丝专属福利。大家给直播间点点赞，点赞点到 5 000 就会给大家上架秒杀款。

（二）产品介绍

具体话术：

我手上的是 3 号链接产品，它是一款瑜伽裤，这可不是普通的瑜伽裤，它是可以“自由裁剪”的瑜伽裤！你可以随意裁剪，想要穿7分裤8分裤都由你决定。这款裤子一共有3种颜色，80斤～160斤都可以穿。

（三）价格介绍、上链接

具体话术：

今天的价格真的是会令你惊掉下巴，我真是没想到啊，这么好的产品，今天的价格这么划算。大家猜猜我手上的这条瑜伽裤是什么价格？把你们猜到的价格打在公屏上，评论越多给大家的价格越划算。倒数5秒钟来给大家报价格（此时主播可以倒数5、4、3、2、1），我们今天的到手价只要99元。给大家看看截图（展示其他平台的价格截图），是不是今天我们直播间的福利足够大？所以请大家抓紧加关注，这可是粉丝才有的专属福利价格！

（四）逼单

具体话术1：

这条裤子我自己留了两条，另一位主播买了3条，因为我们都觉得这是我们穿过的性价比和质量最高的瑜伽裤了。这条裤子在我们的线下售卖非常火爆，已经卖了10 000条了，你们可以去看看我们的用户评论，是不是大家都说好穿。相信我，这真的是我们店的一个必入款，直接点开3号链接去下单吧。今天限时限购4小时，库存不多，你如果再不下单就买不到这么实惠的价格了。请运营报一下库存。只有50条了，抓紧时间下单，不知道自己适合什么尺码的把身高、体重打在公屏上，主播来为你精准推荐。

具体话术2：

这款瑜伽裤的面料材质真的是天花板级别了。如果你有一点心动不要犹豫，我们库存不多了，现在只剩20条，抓紧入手。我们是支持7天无理由退换货的，你拿到手如果觉得和我说的不一样，可以退换货。

（五）场景化描述

具体话术：

我现在正在介绍的这款瑜伽裤，如果你是运动或瑜伽爱好者，买它！如果你是时尚达人，买它！你是否担心运动的时候流汗了，裤子粘在身上很难受；瑜伽裤要么太松、要么太紧。这些顾虑我们帮你打消。这条瑜伽裤是速干面料的，亲肤透气，出汗不闷不粘；弹力大，可以做到360度拉开，不勒肉。

（六）过品

具体话术：

新进直播间的粉丝，现在你看到的瑜伽裤在3号链接，是可以闭眼入的瑜伽裤。没有拍到的赶紧去捡漏，不然一会儿下架就拍不到了。剩下5秒我们就要过款了（此时主播可以倒数5、4、3、2、1），请上下一款产品，请上4号链接。

参考文献

reference

[1] 刘东明. 直播电商全攻略. 北京：人民邮电出版社，2020.

[2] 陈楠华，李格华. 直播运营一本通. 北京：化学工业出版社，2021.

[3] 勾俊伟，张向南，刘勇. 直播营销. 北京：人民邮电出版社，2017.

[4] 丁仁秀. 直播运营与操作实务. 北京：北京大学出版社，2021.

[5] 余以胜，林喜德，邓顺国. 直播电商：理论、案例与实训（微课版）. 北京：人民邮电出版社，2021.